ジョージ・A・ロメロの世界

映画史を変えたゾンビという発明

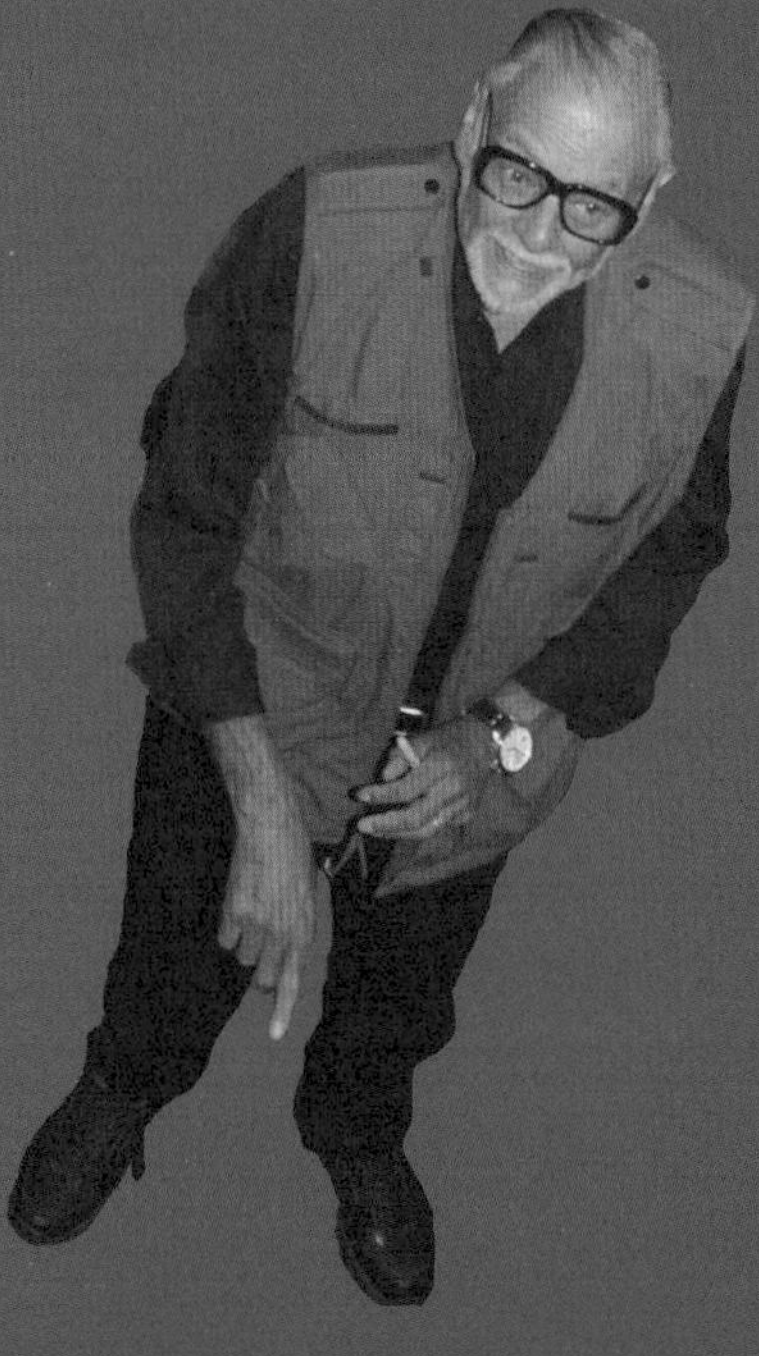

目次

2021年
モンローヴィル・モール内に
ついに完成!!

THE LIVING DEAD MUSEUM

モンローヴィル・モール内の
リビング・デッド・ミュージアム
入り口

モンローヴィル・モール内にある「リビング・デッド・ミュージアム」。店内正面にはギフトショップがあり、ゾンビやロメロ作品をモチーフにしたＴシャツ、グッズ、書籍やポスターなど様々なアイテムが販売されている。奥に進むとミュージアムがあり、映画やポップカルチャーにおけるゾンビの歴史を紹介する展示品がぎっしり並べられている。館内の歴史解説キャプション執筆はノーマンが担当した。

（文／キャプション　ノーマン・イングランド／児嶋都）

『ナイト・オブ・ザ・リビングデッド』の
撮影に使用したプロップや当時の広告

壁の赤いラインはゾンビの歴史の
タイムラインを示している

『クリープショー』のネイサン・グランサム
を模したミュージアム作成の等身大模型

『死霊のはらわた』の撮影で実際に使用
したキャビンを館内で組み直した展示

『死霊のえじき』撮影でゾンビ・エキストラが実際に使用したマスク

ゾンビ界殿堂の手形＆サインをコレクションした壁面。ジョージ・A・ロメロ監督のものも

『ゾンビ』に登場している1977年当時のモンローヴィル・モール警備員の制服

『ゾンビ』撮影当時のモンローヴィル・モール内 JC Pennys の本物のエスカレーター。壁にあるトリビアのキャプションはノーマンによるもの

『ゾンビ』で実際に使用したエレベーター壁面を部分的に使用して完成させた展示

『クレイジーズ』撮影で実際に使用したドア。手形やサインは出演者達によるもの

世界のゾンビポスターのオリジナルコレクション

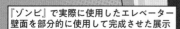

THE AMUSEMENT PARK

『アミューズメント・パーク』

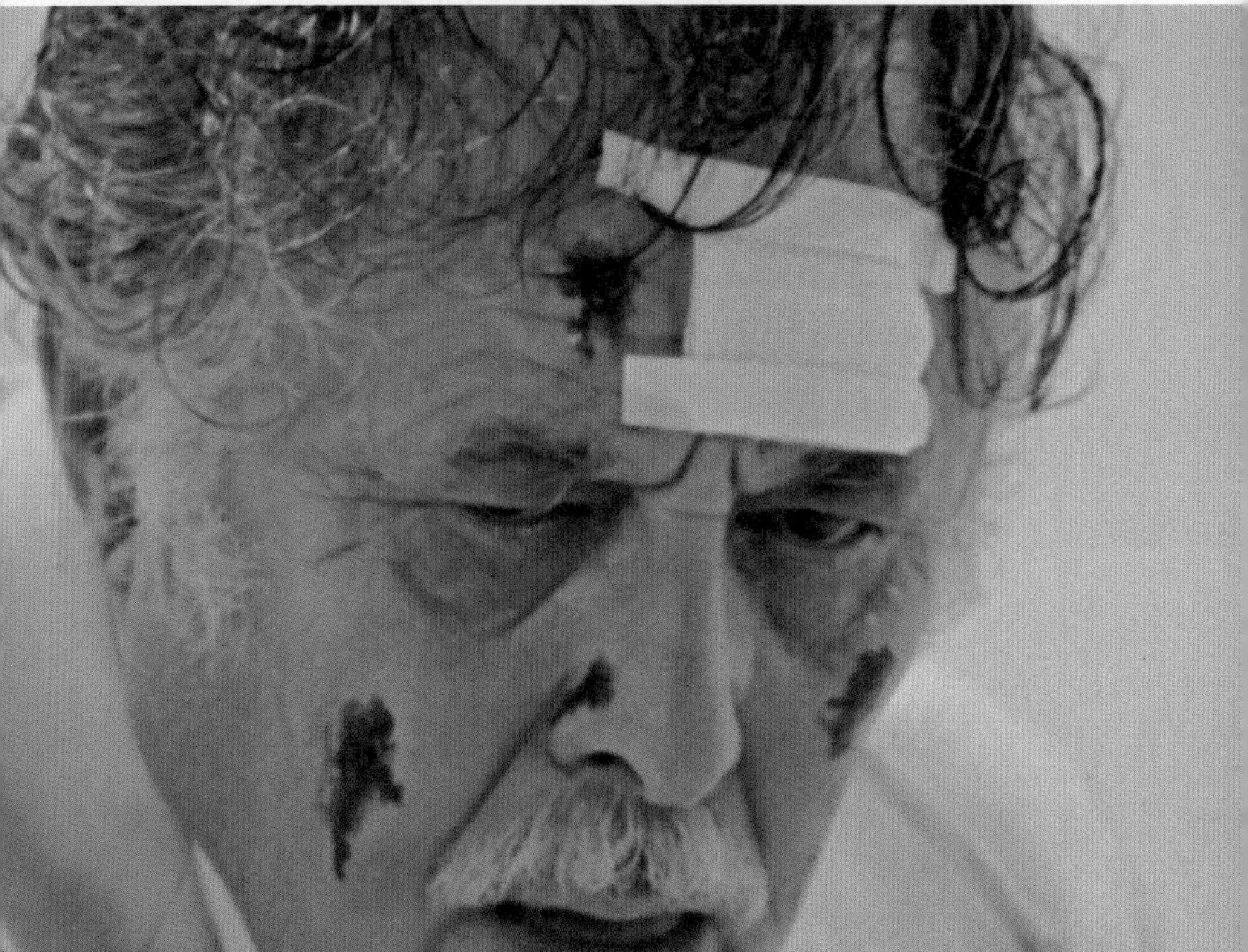

ジョージ・A・ロメロ監督により1973年に制作された幻の作品がついに上映！
当時のアメリカにおける老人虐待を告発した教育映画ながら、あまりの悲惨な内容にお蔵入りとなっていた問題作だ。

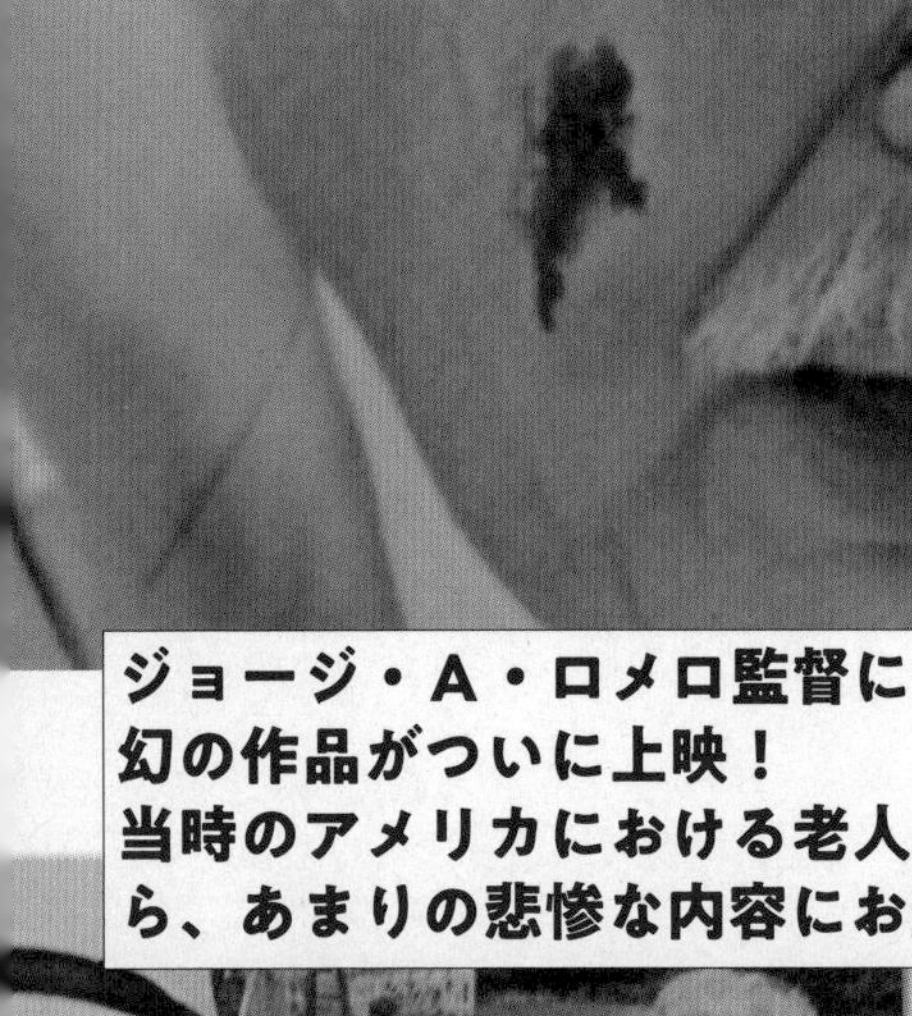

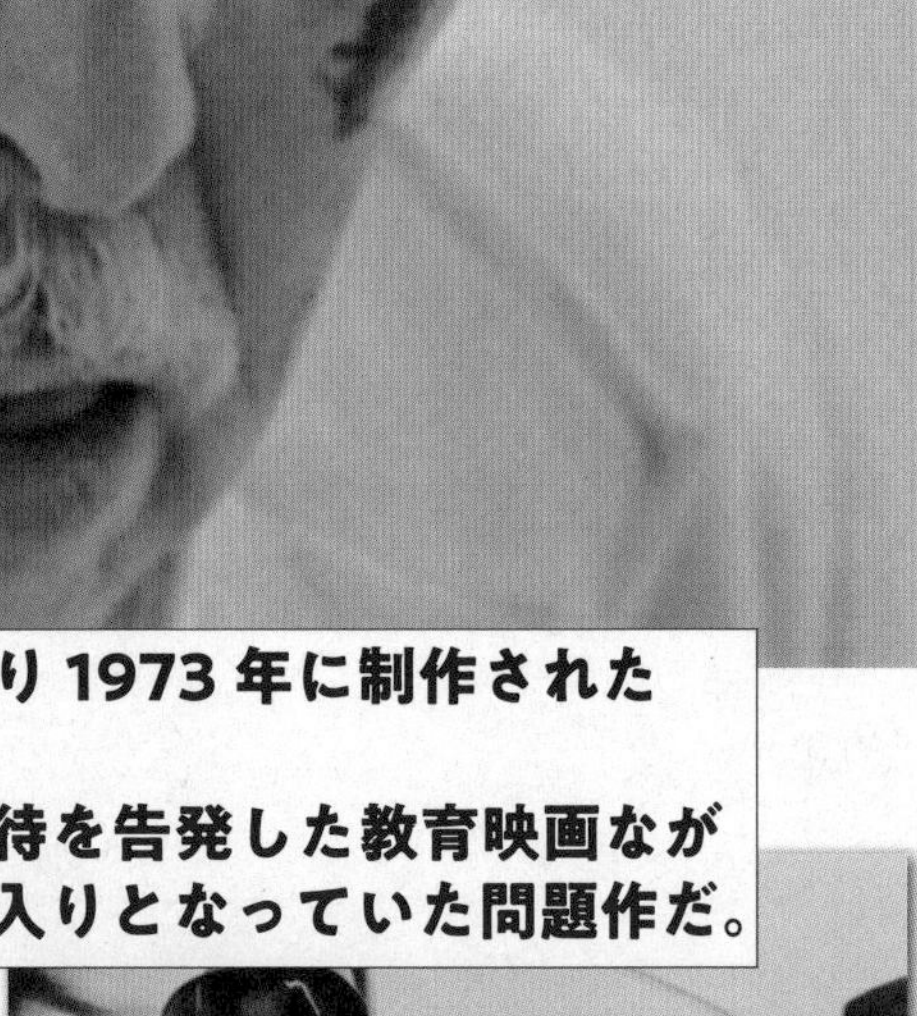

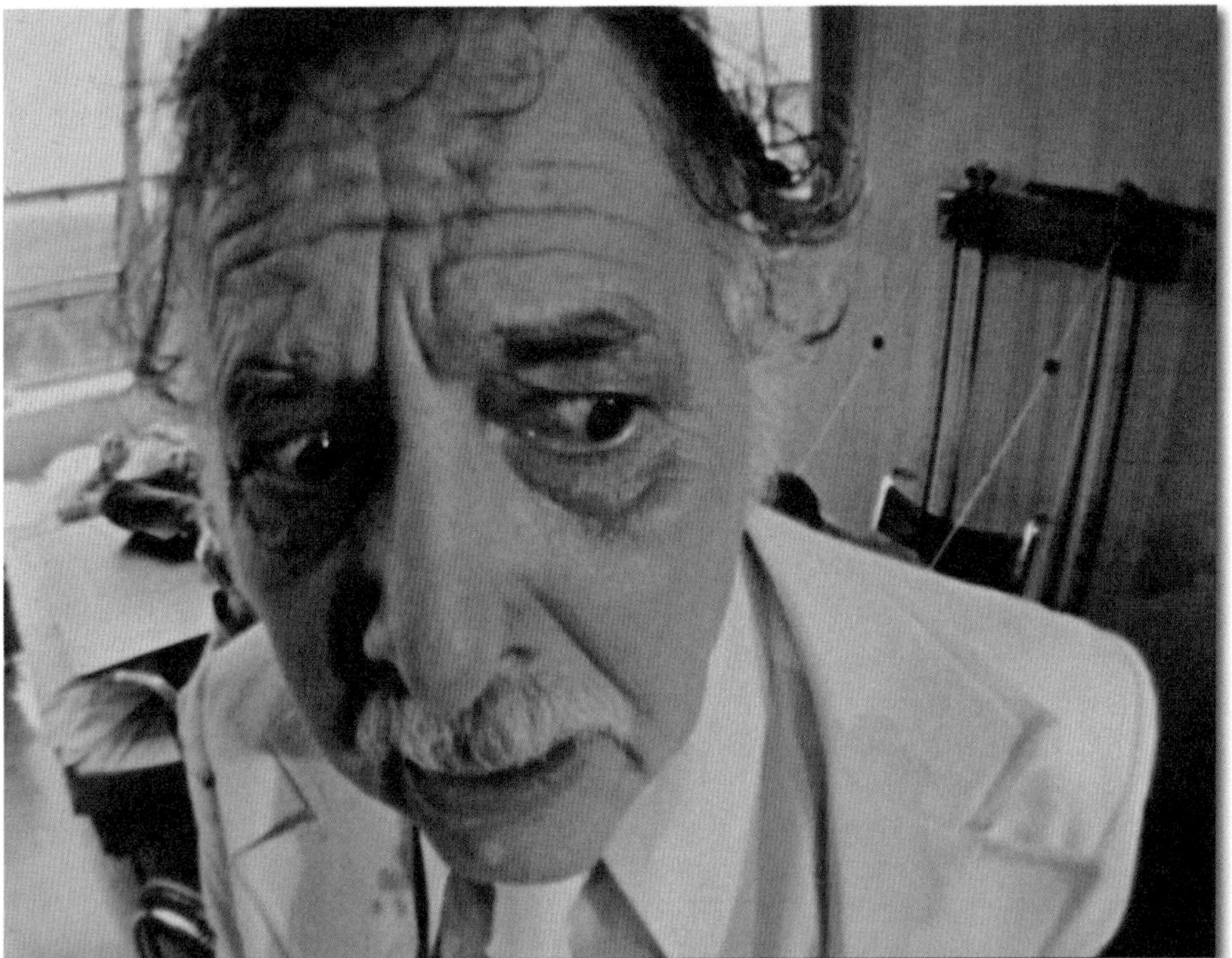

『アミューズメント・パーク』
監督：ジョージ・A・ロメロ
出演：リンカーン・マーゼル
1973年／アメリカ映画／53分／原題：The Amusement Park
キングレコード提供　ビーズインターナショナル配給

シネマカリテほか 10月15日（金）よりロードショー

Illustration　児嶋都

雇われ仕事でもやるなら徹底的に。アミューズメント・パークという名の地獄の楽園

氏家譲寿（ナマニク）

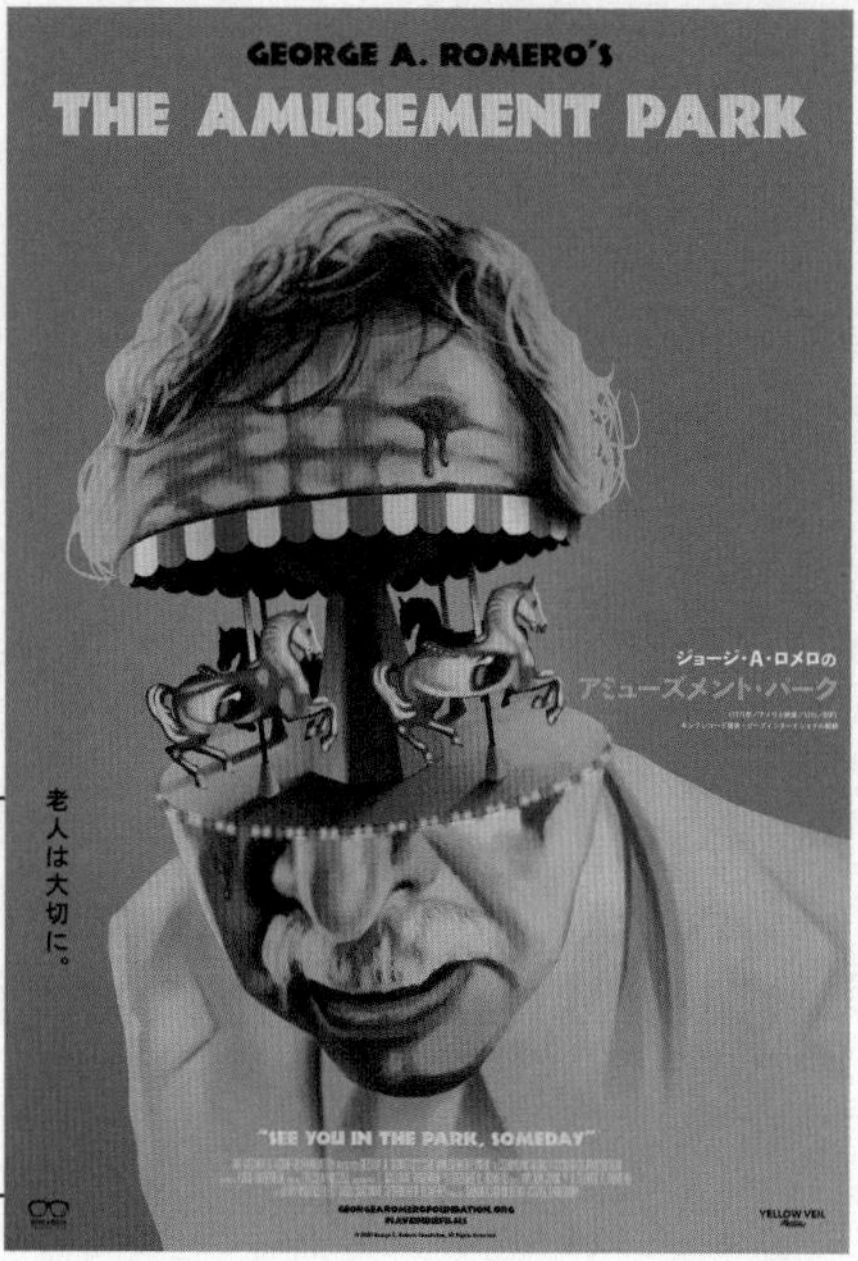

The Amusement Park（1973）
監督　ジョージ・A・ロメロ
製作　サンドラ・シャルバーグ
脚本　ウォルトン・クック
撮影　S・ウィリアム・ハインツマン
編集　ジョージ・A・ロメロ
出演　リンカーン・マーゼル

「自分にとって○○の命は軽い。だから○○の命はどうでもいい。正直、いない方が良くない？　臭いしさ、治安悪くなるしさ。」

どこかの誰かが口にした言葉の一部を伏せ字にしたものだ。この伏せ字、道徳・倫理観はさておき、何と置き換えても〝不自然さ〟を感じない。汎用的だが醜悪なセンテンスだ。伏せ字部分が自分の両親や兄弟、あるいは妻や子供なら個人の考え方で済むかもしれない。しかし、これが社会的弱者……例えば老人、ホームレス、生活保護者、同性愛者、障害者に置き換えると、途端に優生思想によるジェノサイドへとつながる。なんとも恐ろしいことだ。「命の軽さ」、「不要な存在」、「非生産性」のような観点で物事を言葉や文章にするのは容易だ。ただ口にしたり、書き下したりすればいいのだから。こういった言葉に躊躇なく同意するのも簡単だ。〝対象が排除される過程〟を無視し「コスパ重視」という観点で思考を停止してしまえばいいだけだからだ。

しかし、排除過程をしっかりと想像すると途端に強烈なものに変わる。史実では奴隷貿易が発端の人種差別、ナチス・ドイツのホロコースト、ソビエト連邦のホロドモール、ルワンダ紛争など例を挙げればきりがない。いずれも悲惨な結果を生み、歴史に黒い汚点を遺した。では、これらの結果を受けて、我々は何かを学び、こうしたジェノサイドはもはや歴史上の出来事でしかなくなったのか？といわれたらそうではない。相変わらず我々は頻繁に小規模なジェノサイドを起こしている。日本では数年前に障害者施設で元施設職員が「障害者は不幸を作ることしかできない」などという戯言とともに19人もの患者を殺した事件があった。また、ホームレスが若者に殺される事件などはもはや定例行事のように起こっている。アメリカでのヘイトクライムも同じだ。BLMが落ち着いた後、COVID-19が武漢発という話を受けて、最近ではアジア系が憎悪の対象となっている。聞けば、NYではアジア系の人々は地下鉄でホームから突き落とされないよう、壁を背にして立っているそうではないか。

生命の排除、排斥はほんの小さな事から始まる。だから、軽々しく口にすべきではないし、もし現在進行形で起こっていれば全力で制止すべきなのだ。ただ、そのためにはショッキングな現実を提示する必要がある。

ジョージ・A・ロメロの『アミューズメント・パーク』は、その排除・排斥のショッキングな現実を突きつけるべく制作された映画だ。だが、この映画はロメロが望んで制作したわけではない。彼のフィルモグラフィーで唯一の雇われ仕事だ。とはいえ、相変わらず地元のピッツバーグ——今は無きウェスト・ビュー・パーク——で撮影されている。閑話休題。本作のテーマは「高齢者虐待と年齢差別」だ。依頼元は芸術家に縁があることで有名なルター派のルーテル教会。おそらくPSA（Public Service Announcement）の一環として「日本公共広告機構のCM」のような「高齢者を大切にしましょう」という具合の教育映画を期待して依頼したのだろう。ロメロは次作の資金集めにも困っていたことから仕事を受けたのだろうが、それはともかく、彼らは頼む相手を間違えた。本作の直後に『ザ・クレイジーズ／細菌兵器の恐怖』（73）を生み出すロメロが、〝老人排斥〟をまともに描くはずがないのだ。『アミューズメント・パーク』で最も重要なのは、冒頭

の事前説明だ。後に『マーティン／呪われた吸血少年』（78）でマーティンの従兄弟クーダを演じることになるリンカーン・マーゼルが得々と演説する。

「誰しもが生きる喜びを味わう権利がある。しかし生産的でない老人には、その権利が無いと思われていることが多々ある。これは由々しき問題だ。この映画を観ている貴方たちもゆくゆくは老人になるというのに……。」

まさに冒頭に記した醜悪なセンテンスに〝老人〟を当てはめたものである。「これは私たちが実際に直面している困難の一部だ」として映画は始まる。

のっけからズタボロにされた老人が真っ白い部屋で息も絶え絶えになっている。そこへ彼とそっくりな老人がやって来て挨拶をする。しかし、ズタボロ老人は返事をしない。彼はただ「外には何もない。外はアンタの思っているような場所じゃないさ」と繰り返し言うのみ。だが名も無き老人は外――アミューズメント・パークという名の幸せな地獄――へ繰り出していく。そこでは老人は徹底的に排斥される。言葉でただ排斥と書くだけだと軽い感じがするが、ロメロは容赦ない映像表現で老人をいたぶる。最初の乗り物チケットを買う段階から、我々は奈落の底へと落とされる。チケット売り場に並ぶ老人たちは、金が無いから物々交換だ。しかも相当買い叩かれた値段でチケットを引き換えていく。名も無き老人は金を持っているから無事チケットは買えたものの、そこかしこで老人が排斥されるさまを目撃する。視力が悪いからとカートに乗れない老人、誰からも介助をしてもらえない障害者。金が無いから昼食が食べられず途方に暮れる老齢集団。さらには名も無き老人自身にも災厄が降りかかる。混み合う園内でぶつかりざまにジュースをかけられ、謝罪もされず「ちょっとアンタ、どこ見てあるってんのよ?」と邪険にされるのはまだ良い方だ。〝高齢者優先〟と書かれたアトラクションに入ってみれば、そこは強制リハビリ施設。ひいこらと脱出したら、次は『ゾンビ』(78)に登場するようなバイク軍団にいわれのない暴力を受ける。ズタボロになっても誰にも助けてもらえない。見世物小屋に行けば老人が笑いものにされ、子供たちなら優しくしてくれると思って近づけば追い払われ、踏んだり蹴ったり。たった54分間に詰め込まれた地獄。時折サブリミナル的に死神が客に紛れ込んでいるのも気持ちが悪い。

各々のエピソードのつなぎに稚拙な部分があり、非常に荒っぽい。しかし、それがかえって作品の異様さに拍車をかけ、視覚的にも精神的にも強烈なダメージを食らわせる作品となった。そんな本作を観たルーテル教会はドン引き。結局は〝教育映画〟として活用されず、時折、映画祭で上映されるだけの幻の作品と相成ったのである。

しかし本作は『ザ・クレイジーズ/細菌兵器の恐怖』で見られた社会の隠蔽気質、『ゾンビ』の社会崩壊の危うさ、『モンキー・シャイン』(88)の障害者の苦悶、『ダーク・ハーフ』(93)や『URAMI〜怨み〜』(00)に見られる人間の二面性など、以降のロメロ作品にみられる特徴すべてを兼ね揃えている。ただの稚拙な失敗教育映画で片付けるのはもったいない作品だ。

本作が他のロメロ作品と一線を画すのは、テーマの対象を明確にしていることだ。その対象は我々自身。我々は必ず老人になる。だから、あなたも〝こうなりたくなければ〟今のウチにできることをやっておけと映画は言う。老人でなくても、いつあなたが何らかの排斥対象となるかもしれないのだ。だから我々自身、冒頭に述べたような考え方を捨て、互いに思いやりを持ち、変えるべきところを変えていくべきなのだ。いつかの自分のために。

THE CRAZIES

『ザ・クレイジーズ』

小さな町を襲った恐怖の感染症！
突如軍隊が現れ、住人たちが隔離されていく。
何が起きているのかもわからない状況のなか、
脱出することはできるのか。

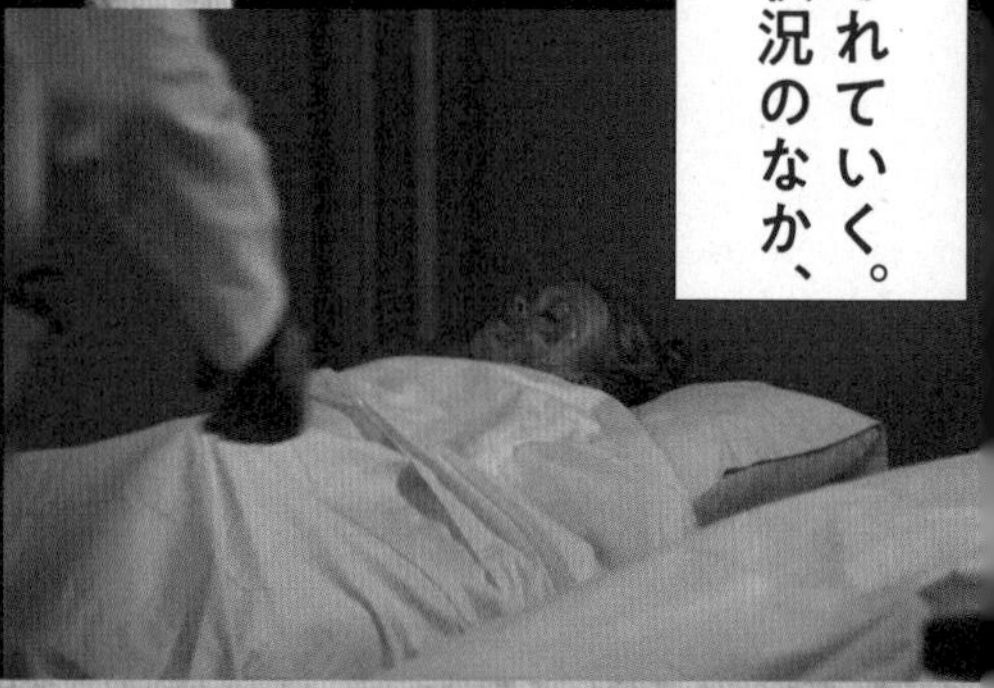

『ザ・クレイジーズ』
監督・脚本：ジョージ・A・ロメロ
出演：W・G・マクミラン／レイン・キャロル／ハロルド・ウェイン・ジョーンズ
1973年／アメリカ／104分／原題：The Crazies
キングレコード提供　ビーズインターナショナル配給

シネマカリテほか10月15日(金)よりロードショー

何ひとつ噛み合わない人びとの営み、拡大し続ける混沌
そこに不気味なリアリティがある

てらさわホーク

　アメリカはペンシルヴァニアの田舎町で、ある一家の亭主が突如その妻を惨殺、自宅に火を放つ。小さな子どもたちもろとも燃え上がる一軒家。少し経つと、このエヴァンズ・シティで謎の伝染病が突如大流行したらしいことが分かる。どうやら感染した者をもれなく狂気に走らせるという、この疫病の正体はまったく分からないが、何だか大変な事態が起こっていることだけは確かだ。この危機的状況を打開すべく、町には軍人たちが乗り込んでくる。主人公デヴィッドの妻で看護師のジュディは診療所で働いているが、所長のおやじは何かあってはいけない、あんたは妊娠中なのだからとにかくここから逃げなさい、と言う。わけも分からず言われるがまま、なけなしの抗生物質を着服して脱出を図るジュディ。『ザ・クレイジーズ』は開巻早々、小さな町が一晩にして大混乱の真っただ中に叩き込まれたらしいことを端的に伝える。最低限の説明で観客をカオスに導く、ロメロはこうした導入がいつも本当に上手い。が、その語り口はやたらと冷徹で、たいへん居心地が悪い。何度観ても慣れないというか、どうにも落ち着かない映画である。

　ジュディはいずれ夫のデヴィッドと合流。その旧友クランクと、行きずりの父娘の計5人で、とりあえず米軍の統制から逃れることになる。見知らぬオッサンが連れている娘は出てくるなり何だか放心状態で、大丈夫か……？　と異常に不安になる。この娘キャシーを演じるのは『処刑軍団ザップ』(70)でおなじみリン・ローリー。真ん中分けの金髪、常軌を逸してフワフワした喋りかた。あるいはどこを見ているのかわからない三白眼などなど、その造形のあらゆる要素が怖い。そこにいるだけで観客を心底ゾッとさせる、稀有な女優だと思う。

「慣れない映画」と書いたのは、こうした登場人物の不気味さや、あるいはいつまで経っても続くあまりに不透明な状況のせいだ。謎の伝染病は、どうも米軍が開発して

いた生物兵器がこの田舎町で暴走したためらしい、ということが辛うじて分かってくる。だがそのアウトブレイクに対して軍も、派遣されてきた科学者も、ましてや町の住民も、誰も有効的な解決策を見出すことはできない。誰しも何をどうしたらよいのか分からず、とにかくワーワーと怒鳴り合うのみだ。問題解決の糸口が見えないま、カオスだけがいたずらに拡大していく。最初から最後まで何ひとつ噛み合わない、そんな調子だから、いつまでも慣れないのではないかと思う。

閉鎖空間、あるいは危機的状況で起きる人間同士の衝突を描くあたりはロメロの真骨頂だ。『ナイト・オブ・ザ・リビング・デッド』（68）から連なる、いわゆる「デッド」三部作ではいずれもそうした緊張関係が物語上で大きなウェイトを占めていたし、『死霊のえじき』（85）などは薄暗い地下で人間たちが反目し合うばかりで、その煮詰まりきった空気感がいっそ心地よいとさえ思ったことだ。『NOTLD』と『ゾンビ』（78）の間に位置する本作も、完全にのっぴきならない状況に置かれた人間たちが右往左往し、結局は絶望的な運命をたどる物語を見せる。田舎町の住民たちが謎の細菌に冒されて、次々に正気を失っていく。生ける死者さえ出てはこないが、状況のまずさで考えれば「デッド」シリーズと同等だ。それどころか映画としては本作のほうがよほど不気味で居心地が悪く、救いのなさにおいてはロメロ作品屈指といえるだろう。

そう考えずにいられないのは、本作がそのいかなる場面でも、実は明確なドラマを描いていないからだ。『NOTLD』に『ゾンビ』、それに『えじき』には、まだしも人間同士のはっきりとした相克があった。異なる目的を持ったふたつの勢力が意見なり行動を戦わせる。息詰まる対立が頂点に達し、人間関係がまったくの袋小路に行き着いたところで毎度ゾンビの大群が乱入、人のつまらない営みはすべて阿鼻叫喚の地獄絵図に押し流されていく。「デッド」シリーズにはいつでもそうしたカタルシスが用意されている。だが翻って、『ザ・クレイジーズ』はどうだろう。

本作は幾人かの主要登場人物の行動を同時並行的に追う形で展開する。まずは主人公の消防士デヴィッド、町に起きた緊急事態の収拾に送り込まれた軍人ペッケム大佐、そして謎の細菌兵器への解毒剤の研究を（地元高校の教室で）行う科学者ワッツ博士。ほとんど一般人であるデヴィッドと、体制側のいちおうの代表者であるペッケム大佐にはもちろん接点が生まれようがないし、また大佐と科学者の間にも、実はコミュニケーションといえるほどの交流は存在しない。それどころかこの男たちはいつもだいたい場当たり的に何かをしているに過ぎない。物語を大きく動かすようなアクションは誰ひとりとして取らないのだ。

謎の細菌に脳をやられた人々でさえ、『NOTLD』以下に登場したゾンビたちほどには、はっきりとした感染の兆候を示してくれない。劇中でニコニコ編み物をしていたかと思えば次の瞬間には編み棒で襲い掛かってくる老女のように、わかりやすい感染者もいるにはいる。だが彼らの皆が皆凶暴化するのかといえばそうではなく、なかにはただヘラヘラするばかりの者もいる。先に触れた不気味な女性、ジュディなどはその代表格だ。この人は初登場から焦点の定まらない目つきをして、その後ときどき突発的な行動を取るが、べつだん他人に危害を加えるわけでもない。何となればこの手のヘラヘラ系感染者のほうが、凶暴系感染者よりも多いのではないかと思う（劇中で体育館に集められた地域住民のことを思い出したい。誰も何をするでもなく、ずっとヘラヘラしていた。彼らはクライマックスまで誰に危害も加えることはなかったが、最初から明らかに正気ではなかった）。

ここには「死者が蘇って生者を襲う／襲われた者も生ける死者になる／生ける死者を止めるには脳を破壊するか、頭を切り落とすしかない」というような、物語上の明確なルールも存在しない。著しい暴力性を発揮する者もあれば、何だかだらしなく笑っているだけの感染者もいるという法則性のなさ。そのランダムさ加減が逆に恐ろしい。またそういう細かな差異はこのさいどうでもいいので、とりあえず手に負えない感染者は焼却処分にすべし、という権力側の雑さ加減も却ってリアルで怖い。

『ゾンビ』でもアイパッチの科学者を演じていたリチャード・フランス扮するワッツ博士を見てみよう。この人は件の細菌の開発者として物語に登場するなり、延々とそのワクチン開発（だと思う）に打ち込む。映画も終盤になるとその研究がようやく実を結び、何となく事態の解決が見えてきたように思える。しかし博士が興奮した様子で試験管を持って研究室を飛び出すなり、同じ施設に集められた地元住民（またこの人たちが感染者なのかそうでないのか、実ははっきりしない）の暴動に巻き込まれ、流れでふと命を落としてしまう。その手に握られていた試験管も床に落ちて木っ端微塵になる。博士が映画の尺のほとんどを費やしてワクチン開発に打ち込んだ、その努力は誰にも知られず消えていく。この無情はどうだろう。誰もがそれぞれに何らかの行動をするが、それら点と点がひとつの線に結びつくことはついにない。

そこに『ザ・クレイジーズ』の、いつまで経っても慣れることのできない居心地の悪さがある。何ひとつ噛み合わないまま、絶望的な状況だけが無造作に放り出されていく。このさい自分はいったい何を見せられているのだろうかと思う。だがこのように異常に乾いた徹底的な無愛想さが、ロメロ作品のなかでも屈指の恐ろしさを、本作に与えているのである。

連鎖する赤と狂気

木津毅

未知の感染症が拡大する恐怖を描いたパニック・スリラー映画『ザ・クレイジーズ／細菌兵器の恐怖』は鮮烈な赤で始まる映画だ。冒頭、少女が水を飲む洗面所の壁紙に目が覚めるような赤色が使われているのだ。映画は田舎町の平凡そうな家庭の父親が発狂している様を見せ、何かただならぬ事態が起きていることを端的に提示するなかで、同様に彩度の強い赤を母が流す血の色に引き継ぎ、そして家を焼きつくす炎を背にした題字にも赤を使う――「CODE NAME TRIXI」。視覚的なインパクトを与えるオープニングであると同時に、ここで示された鮮やかな赤は本編中でも様々な場面で目を引くものとして繰り返し使われている。消防車、主人公たちが着る服、

燃えるような夕陽、研究者が床にぶちまけてしまうサンプル、そして、焼身自殺する神父の身体を包む炎……。それらの赤は、それこそ感染症のように連鎖するイメージとして観る者に強い印象を残す。

ジョージ・A・ロメロは一貫してこうしたシンプルなアイデアを作品演出に導入しているが、『ナイト・オブ・ザ・リビング・デッド（Night of the Living Dead）』（68）と『ゾンビ（Dawn of the Dead）』（78）というキャリア初期のふたつの「the Dead」に挟まれる格好の『ザ・クレイジーズ』では、世間的にはまだまだ認知されていない気鋭監督であった彼の若々しい野心がとりわけ発揮されているように見える。ゾンビ映画界の大御所と認知されて以降の、それこそ21世紀の作品群でもまるで学生映画のような瑞々しいタッチがロメロの映画につねにあるのは、この時期にきわめてインディペンデントな実験精神が培われたからではないだろうか。低予算のなかで、どうやって観客を引きこみ、驚かせ、そして恐怖させるか。パニックの状況を俯瞰して状況説明的にプロットで提示するのではなく、観客を混乱のただなかに置くようなドキュメンタリー的な語りは本作のスリルであるし、場面によって大胆にリズムを変える編集やダイナミックに動くカメラには挑戦の跡が見て取れる。アメリカ映画にとって１９７０年代は世代交代と変革と実験のディケイドだが、ロメロもまさに時代精神の担い手のひとりとして、水面下で新しい波を生み出さんと格闘していたのである。

そしてまた、本作で生々しく切り取られた「混乱」は、泥沼化していた当時のベトナム戦争の状況をダイレクトに反映したものだ。映画はペンシルヴェニア州の田舎町エヴァンズ・シティを舞台とし、町を封鎖しようとする軍内部とその封鎖線から逃れようとする消防士デヴィッドたちの状況をリアルタイム性の強い語り口で映していくのだが、ここで描かれる軍の場当たり的かつ強権的な振る舞いは、当時のアメリカ軍や政府に対する不信感に由来するものだろう。そもそも、本作の恐怖のモチーフとなっているウイルスは軍の失態によって広がったものであり、それを隠蔽するために彼らは組織ぐるみで町の住民たちを隔離し、場合によっては抹殺するのである。なかでも上層部の命と現場の混沌とした状況の間で板挟みになるペッケム大佐のキャラクターにはリアリティがあり、70年代のアメリカ映画が懸命に描こうとしたベトナム兵士たちの苦悩とどこか重なるところもある。

いっぽう、デヴィッドたちが体現するのは軍による横暴にどうにか抵抗しようとした当時のアメリカの一般市民の姿だろう。しかしながら、当然彼らも何が起きているか正確に把握できるわけでもないし、軍が体現する「権力悪」に対してヒーローとして闘うわけでもない。どうにか生き延びようと、状況から逃げのびようとするばかりで、彼らも場当たり的に右往左往するしかないのである。さらには彼らのなかからも感染症の犠牲者が現れていく。特定の顔を与えられない群衆たる庶民たちはなおさらで、そんな状況からついに神父が発狂したように焼身自殺をする。

このショッキングなシーンは、１９６３年サイゴンのアメリカ大使館前で当時のゴ・ディン・ジェム政権に抗議して仏僧ティック・クアン・ドックが焼身自殺した事件の引用である。世界中に伝えられたこのイメージはすぐに反ベトナム戦争ないしは反米軍を象徴するものになり、のちにロック・バンドのレイジ・アゲインスト・ザ・マシーンもデビュー・アルバムのジャケットに採用している。ただ、本作における神父の焼身自殺ははっきりとした反政府のメッセージとしてではなく、パニックのなかから不可避的に発現した悲劇として扱われている。ある意味、当時テレビの映像を通して伝えられた仏僧の自殺も一般的にはそのような受け止められ方をされていた部分もあるのかも

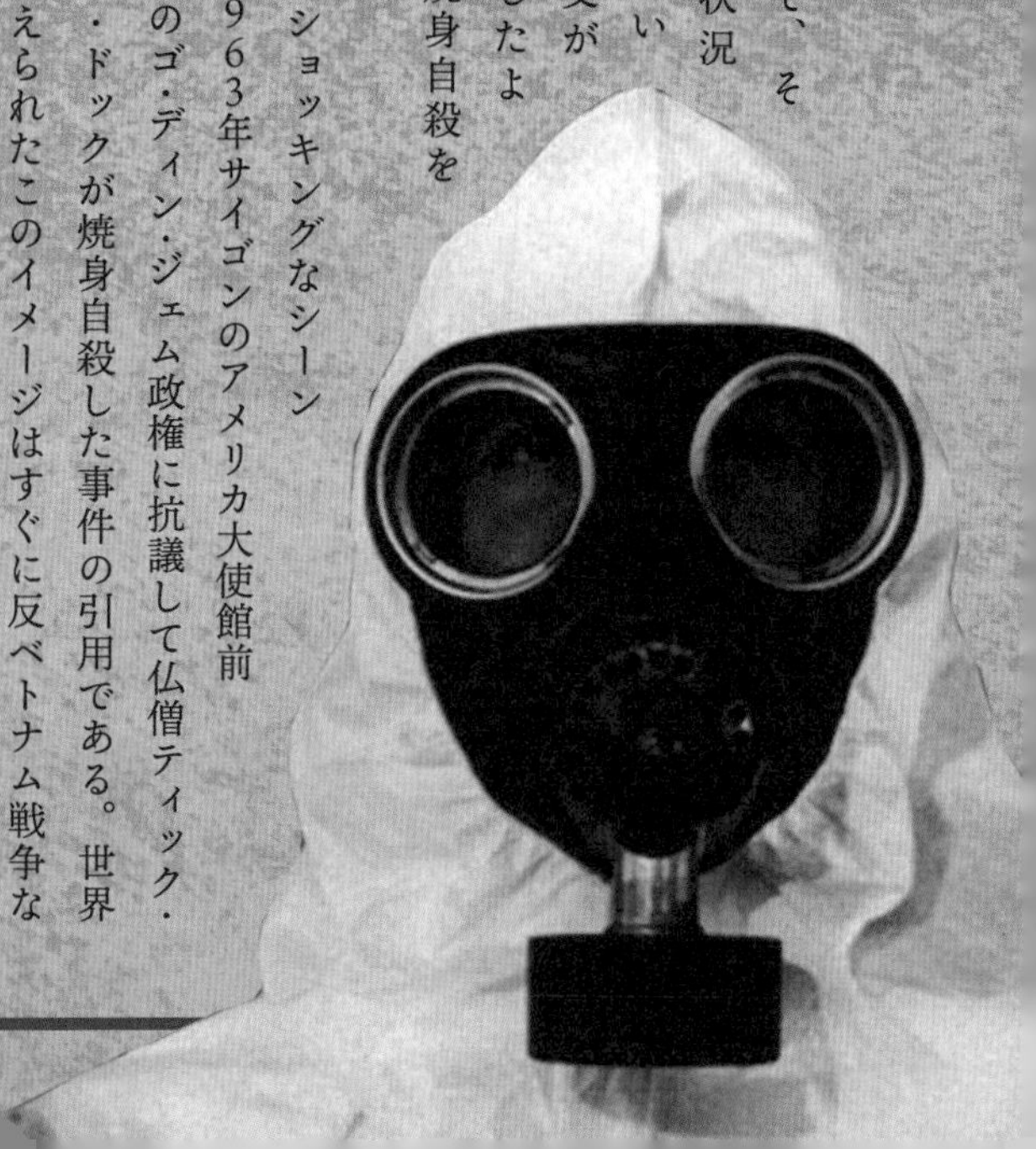

しれない。何が正しく、何が悪かもわからないままただ混乱状態は拡大し、そのさなかで死者は増えていき、目を覆うような残酷な出来事が次々に発生する……。『ザ・クレイジーズ』は、そんな空気を捉えたきわめて同時代的な恐怖映画なのである。

そもそも、本作で描かれる「人間が正気を失う」感染症とは何なのかということだ。それは戦地に赴き精神を病んでしまった兵士たちのことなのかもしれない。終わらない戦争のイメージに疲弊し心を壊してしまったアメリカ国民たちの姿なのかもしれない。「理性の喪失」が「感染する」という意味で本作をゾンビ映画の変種として見ることが可能であるいっぽうで、ゾンビという異物よりはまだ人間らしい姿をしている分「感染者たち」の狂気は力を持たない庶民たちにとって他人事ではない。ロメロのゾンビ映画はゾンビをたんなるバケモノとして扱わず、暗喩的に時代の狂気を象徴させてきたことで他のジャンル映画と一線を画してきたが、本作を見ると、その源泉がどこにあったのかよく理解できる。ロメロはたしかに時代のカオスを直視し、それをパッケージしようと試みた。英雄が出てこない点や希望がひとつずつ潰えていく点、そして何ひとつ解決しないまま混乱の渦中で放り出されるエンディング含め、アメリカン・ニューシネマの一群とゆるやかにシンクロしているとも言えるだろう。

初期における不動の代表作『ゾンビ』のヒットぶりを思うと『ザ・クレイジーズ』は興行的に大失敗しているし、実際、作品として未熟な点も多々ある。けれどもロメロ映画を貫く精神がここにはすでに強固に存在し、この作品がのちの名作群と繋がっていることもまた間違いない。初期のロメロ組が参加していることから近年ロメロ・ファンを中心に再注目されている作品ではあるが、そうしたトリビア的な愛で方よりもむしろ、彼の作家性が固められていく過程を刻んだものとして再訪されるべきだろう。あるいは、COVID-19のパンデミック以降を生きるわたしたちにとっても、この混乱と恐怖は他人事ではない。権力は事態の解決ではなく不都合な事実の隠蔽にばかり注力し、そして庶民は理性を失いながら死んでいく。『ザ・クレイジーズ』がある特殊な時代の混乱を描いたものなのか、それともいつの時代も同じようなパニックを繰り返す人間たちを描いたものなのか……ロメロは重い問いをここに残している。燃えるような赤色とともに。

Martin

『マーティン／呪われた吸血少年』

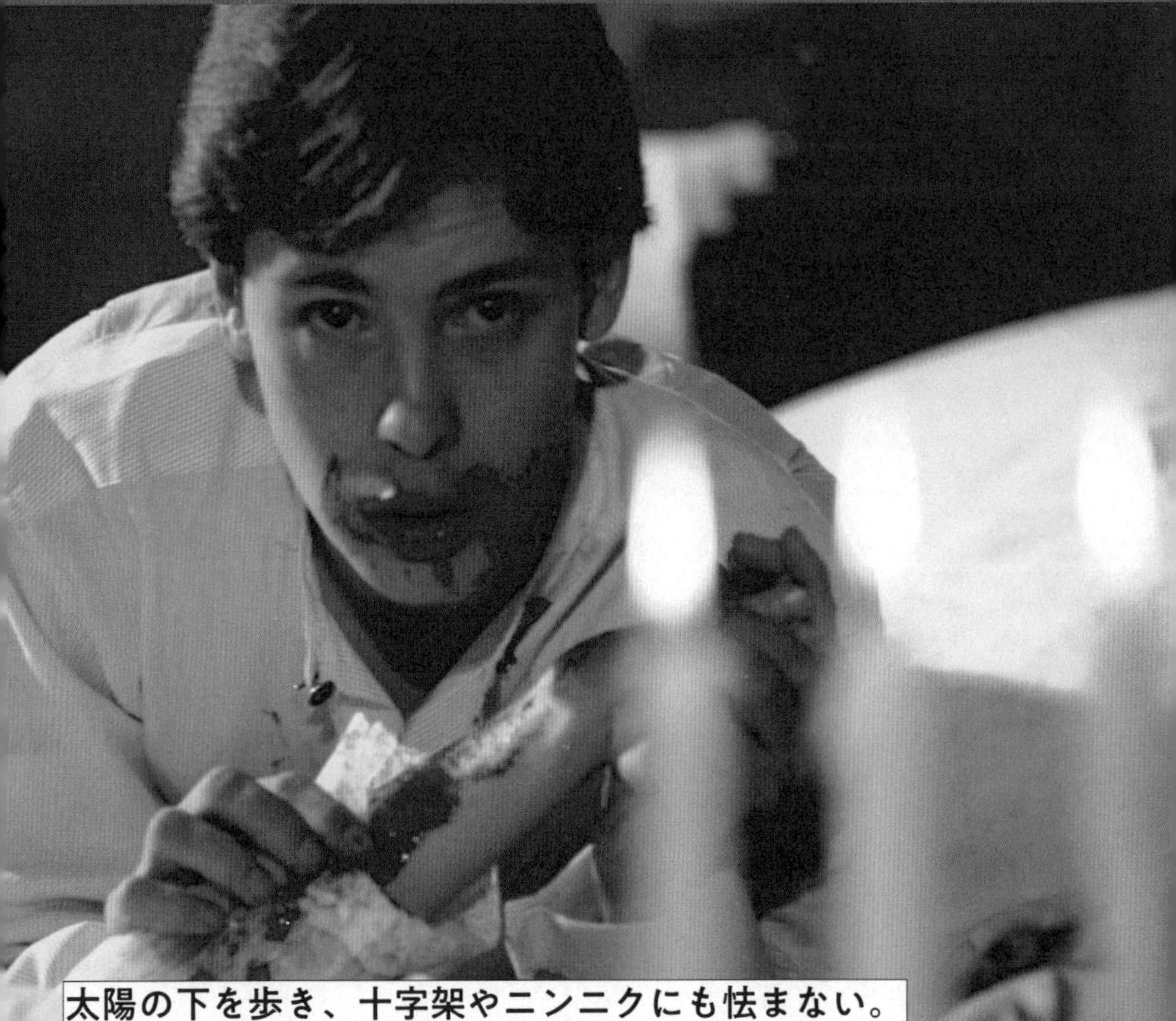

太陽の下を歩き、十字架やニンニクにも怯まない。牙も持たず麻酔薬で眠らせた犠牲者の手首を剃刀で切り裂き血を啜る謎の少年——異色の吸血鬼映画

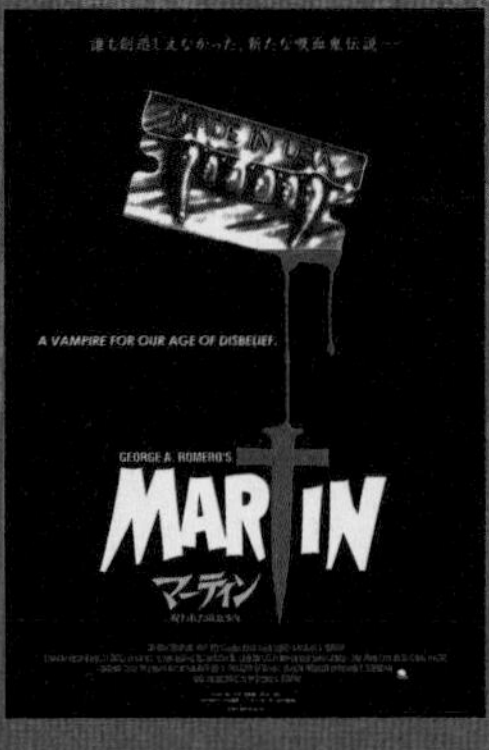

『マーティン／呪われた吸血少年』
監督・脚本：ジョージ・A・ロメロ
特殊メイク：トム・サヴィーニ
出演：ジョン・アンプラス／リンカーン・マーゼル／クリスティーン・フォレスト／エレイン・ナデュー／トム・サヴィーニ／ジョージ・A・ロメロ／リチャード・P・ルビンスタイン
1978年 / アメリカ /96分 / 原題：Martin
フィールドワークス提供　ビーズインターナショナル配給

シネマカリテほか 10月15日(金)よりロードショー

居場所のない絶望

キヒト

ピッツバーグへと向かう夜行列車のトイレの中。10代と思しき青年が注射器に薬品を注入している。彼は注射器を口に咥えると女性が一人で乗っている客室へ忍び込み、女性に襲いかかる。薬品を注射された女性は抵抗するも、やがて昏睡状態へ。彼は女性を裸にした後に、剃刀で彼女の腕を切り裂き、その血を啜りだした。

彼の名前はマーティン。彼には居場所がない。その外見は悩み多きティーンエイジャーに見えるものの、老いることのない84歳の吸血鬼である。マーティンはピッツバーグで彼を迎えに来た従兄弟のクーガ老に「不死者」と罵られながら、十字架やニンニクがさげられた家へ身を寄せる。マーティンを一族の恥と考えるクーガ老は、街の人間を襲うな、家に住む孫娘のクリスティーナとは口をきくなと強く警告する。屋根裏部屋のマーティンの部屋の扉には、出入りが分かるよう鈴が取り付けられ、マーティンはラジオの人生相談のコーナーに電話で身の上話をしては孤独を紛らわす。彼には心が安らぐ居場所がない。

『マーティン』(77)は極めて異色の吸血鬼映画である。マーティンは太陽の下を歩いても灰と化すこともなく、普通に日中に行動できる。鏡にも姿は映るし、吸血鬼の弱点とされる十字架やニンニクも平気である。しかも、マーティンには牙がない。犠牲者から血を啜るためには剃刀で相手の手首を切り裂かなくてはならない。既成の吸血鬼の概念を根底から覆すマーティンは、血を必要とし老いることがないという点を除けば、内向的で心を通わす友人のいない孤独な青年でしかない。

執拗にマーティンを「不死者」と罵るクーガ老に対し、目の前でニンニクを口にし、十字架を頬に当ててマーティンが悲しげに言う。「魔法なんかじゃない」十字架やニンニクで簡単に滅ぼされ救済されるのであれば、むしろその方がどれだけ楽か、という絶望感にマーティンは蝕まれている。

ところが、ところがである。本作を観る者は徐々に疑念を持つことだろう。マーティンは実は吸血鬼ではないのではないか。彼は従兄弟や家族達から吸血鬼であると不当な扱いを受け続けた結果として、自らが吸血鬼であるという強迫観念に囚われ、心を病んでしまった青年なのではないか、と。クーガ老の雑貨屋の手伝いで街の人々の家へと商品を配達するおどおどとした彼の姿や、日曜の教会の礼拝に連れていかれ退屈そうにしている子供のようなその態度を観るにつれ、その疑念はより増していく。

映画に登場する吸血鬼にはいくつかの類型がある。『魔人ドラキュラ』(31)や『吸血鬼ドラキュラ』(58)に代表されるような、高圧的で貴族的な闇の支配者としての吸血鬼。あるいは『ノスフェラトゥ』(79)や『インタビュー・ウィズ・ヴァンパイア』(94)に代表されるような、死ぬことができぬ呪われた永遠の生を嘆き生きることに倦み疲れた悲劇の吸血鬼。またあるいは『死霊伝説』(79)や『フロム・ダスク・ティル・ドーン』(96)に代表されるような、完全なるモンスターと化した吸血鬼。『マーティン』はそのいずれにも当てはまらない。いや、むしろ本作は吸血鬼映画という体裁をとってはいるものの、文脈的は別の怪奇映画の流れにあるようにすら感じられる。自らが猫族の末裔であり、感情の高ぶりにより忌まわしい獣へと変身するのではないかと怯える女性を描いた『キャット・ピープル』(42)。11年間に渡り病床の母を世話したため婚期を逃し、心安らぐ「家族」や「家」を欲するがあまり精神的に幽霊屋敷に飲み込まれていく女性を描いた『たたり』(63)。これらの強迫観念と心の闇をテーマに描かれた怪奇映画の文脈の方こそが『マーティン』は近いのかもしれない。

ただ、『キャット・ピープル』や『たたり』より『マーティン』は一層哀しく、切ない。それは、マーティンが徹底して孤独であり、誰とも心を共有できず、理解し合うことができないでいるからである。そういった意味では、確かに本作は吸血鬼の孤独を描いてはいる。マーティンを不死者であると言って譲らず、頑なにキリスト教的救済を行おうとするクーガ老と、キリスト教的魔術では救われないことを悟っているマーティンの間に横たわる信仰と価値観の深すぎる断絶。孤独を紛らそうと、自らが吸血鬼であると正直に話し悩みを打ち明けようとするマーティンと、それをほら話としてしか受け取らずに面白おかしく取り上げるラジオジョッキーの間に存在する無理解と残酷なエンターテイメント化。マーティンが唯一心を開きかけた主婦ですら、マーティンを理解し受け入れているのではなく、自らの心の隙間を埋めるためのペットのような存在としてしか彼を見ていない。マーティンは終始孤独であり、誰にも理解されておらず、誰にも受け入れてもらえていない。彼には居場所がない。

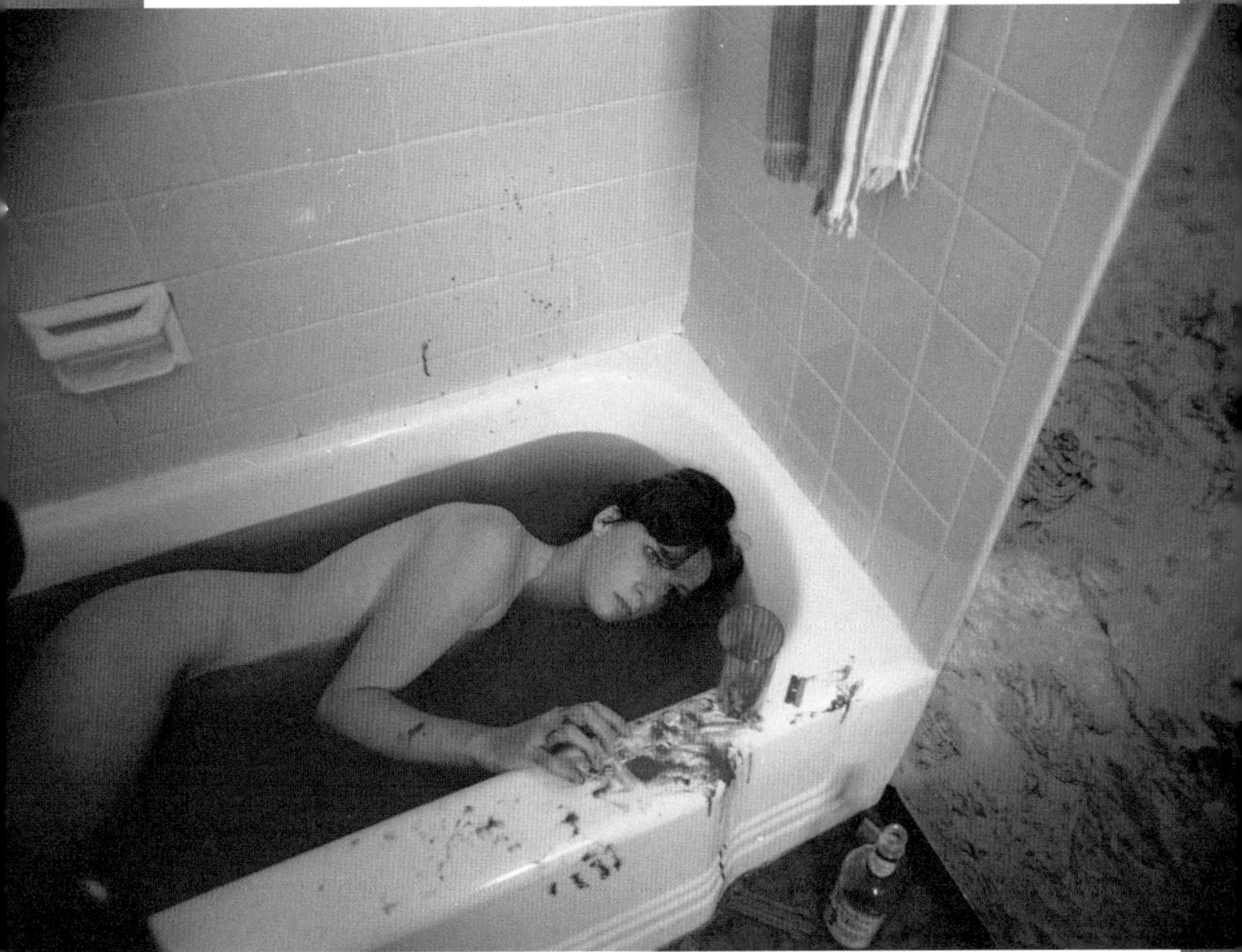

しかし、本作がよりやるせなく重苦しい点は、この互いに理解し合うことができずに孤立してしまう関係が吸血鬼と人間の間だけでなく、ほぼ全ての登場人物の間で存在していることである。本作の登場人物達は皆が皆、互いを理解し合えず反目しあっている。クーガ老の孫娘クリスティーナとそのボーイフレンドは、顔を合わす度に激しく衝突をしては喧嘩をしている。

そのボーイフレンドは仕事を求め都会へと移り住みたいと考えているが、クーガ老はそれに反対し対立。そして、クーガ老と孫娘クリスティーナもまた、ボーイフレンドやマーティンへの態度をめぐって激しく対立しており、やがてクリスティーナは家を出ていくこととなる。そればかりではない。マーティンが犠牲者に選んだ隣町の主婦は、亭主がいぬ間に他の男と情事にふけっており、夫婦間の断絶があることを伺わせる。マーティンが心を開きかけた主婦も同様である。

そう、『マーティン』の登場人物達はマーティンだけに留まらず、皆、家族や恋人と互いに理解することができておらず、心安らぐ居場所がない人々なのである。

このあまりに絶望的で悲観的な人間関係の裏には、監督と脚本を手掛けているジョージ・A・ロメロの人生観が強く出ているように思われてならない。人は誰しも理解し合えず、誰とも心を共有することなく、孤独に蝕まれていくしかないという、人生そのものに対する絶望と諦めのようなものが本作の根底には流れている。キリスト教と吸血鬼、女性と男性、都会と田舎、年長者と若者、妻と夫。様々な異なる立場からの対立構図があるものの、全ては相手に対する無理解、譲歩と優しさのない悲しい糸で繋がっている。

このロメロの人生観は、怪奇幻想の甘美な闇のオブラートを吸血鬼映画から剥ぎ取る効果を作品にもたらしている。怪奇幻想は厳しい現実から目を背け、多分に幼稚で自己陶酔的な闇に沈溺することで、自らが傷つくことから逃避することができる世界であるが、ロメロはそれを許さない。吸血鬼という存在に疑念を抱かせることで現実世界に引き戻し、人間社会においても同様の厳しい現実が待ち受けていることを突き付ける本作は、極めて異色で残酷な吸血鬼映画である。人は誰しも互いに理解し合えず、孤独の中に絶望し、居場所を求め彷徨うしかない。『マーティン』は、吸血鬼であろうとなかろうと、人には心安らぐ居場所はどこにもない。そんな絶望を突き付けてくるのである。

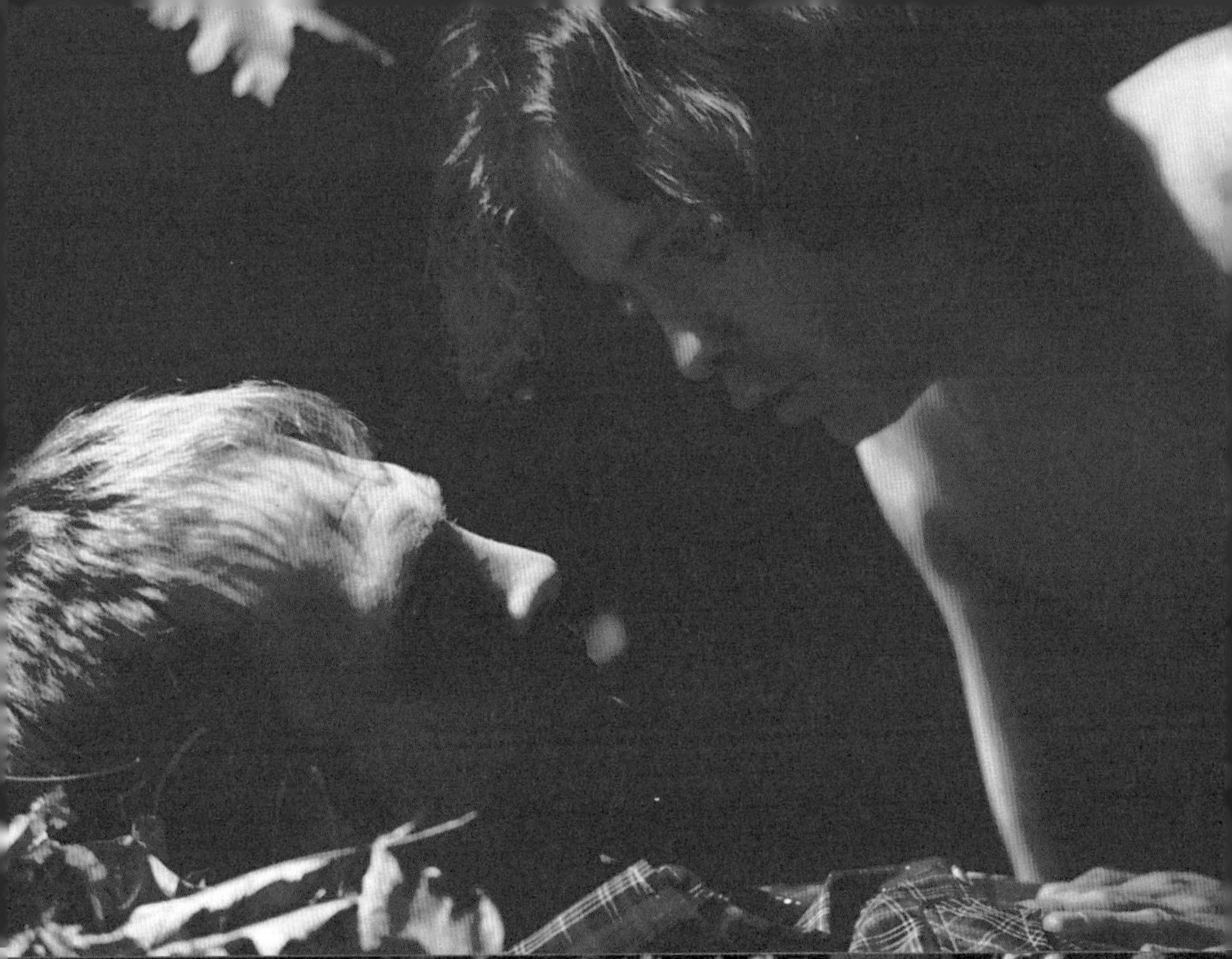

散種されたクィアな〝ヴァンパイア〟の魂

児玉美月

肌を露わにした女の腕を剃刀で引き裂き、滴り落ちる血を貪る少年マーティン。一見すると人間と寸分違わぬ出で立ちのマーティンは、獲物を外貌の恐ろしさで失神させるのではなく睡眠薬で眠らせ、牙を持たず剃刀を用いる現代的な「吸血鬼」を体現している。冒頭の吸血行為における一糸纏わぬ姿で身体を重ね合わせる男女の図像は、吸血行為がすなわち性行為と同型であることを端的に象徴する。ただしマーティンはのちに性経験がないことを告白するように、そこではおそらく血を嗜んだだけで挿入を伴う行為を完遂させたわけではない。吸血行為はジェンダー化された器官に依らないために、異性へも同性へも等しく開かれているものとしてある。つまりいかなる性別であれ、「刺す」側にも「刺される」側にもなり得るのだ。

そんな吸血行為の原理に限らずとも、元来ヴァンパイア譚はつねにクィア性を孕んできた。たとえばその最たる結晶化である『ハンガー』(83)や『インタビュー・ウィズ・ヴァンパイア』(94)は、不老不死の孤独なヴァンパイアが共に生きる伴侶として同性の人間を得る物語が共通しており、それぞれレズビアン・ヴァンパイア映画とゲイ・ヴァンパイア映画として受容されている。映画史初期におけるF・W・ムルナウによる『吸血鬼ノスフェラトゥ』(22)などのヴァンパイア譚に比べ、現代へ進むとよりヴァンパイア自身の実存を主題に掲げる作品が目立ってくるが、『ハンガー』や『インタビュー・ウィ

ズ・ヴァンパイア』も、愛や孤独といった人間的な感情を巡る人生への普遍的な葛藤がそこにはある。『マーティン／呪われた吸血少年』もまた、成長過程における性愛関係、ひいてはその生をどう生きるべきかといった命題が前景化していく。

マーティンはいとこの老人クーダに連れられ、とある町に移り住む。そこで出会ったサンティーニ夫人とやがて同意の上で肉体関係へと突入するや、吸血行為の対象となる女を探せど誰にも魅力を感じなくなってしまう。そして逡巡した挙げ句、マーティンはあろうことか女ではなく男を襲う。吸血行為における渇望の対象が、同時に性行為における欲望の対象でもあるならば、女ではなく男の血を吸い始めるマーティンの姿はバイセクシュアル的でもある。その後、サンティーニは突然の自死を迎えるためにマーティンの「伴侶」とはならず、かつ彼のセクシュアリティもなんらかの解を得られぬまま、宙吊りにされてしまう。サンティーニの自死の理由は劇中で明示されないが、妊娠できない身体であると涙ながらに語っていたことがそこには絡んでいるように思われる。伝統的な家族を構成しえる出産機能を持たない女であるサンティーニは、その意味で非規範的な人物として扱われる。おおよそ現実と通底する形で、映画では理想的な「母」や「妻」の枠組みから外れた女や、クィアな人物は、懲罰的な扱いを受けるか悲劇的な死を迎えるのが定石だったのだ。

『吸血鬼ノスフェラトゥ』のヴァンパイアは太陽の光を浴びて息絶えるが、現代の「ヴァンパイア」であるマーティンは日中でも構わず行動する。映画の序盤あたり、クーダの目の前でニンニクを齧り、十字架を掴み取ってみせるマーティンは、これまで培われてきたヴァンパイアのステレオタイプなイメージを直ちに打ち壊す。そんなマーティンの身振りは、映画のなかのクィアなキャラクターたち、たとえばレズビアンやゲイ、トランスジェンダーがステレオタイプなイメージにおいて破壊と創造の歴史を歩んできたことを想起させる。かと思えば、翻ってマーティンは自身で肌を白塗りし、偽の牙を装着し、裏面が赤く染まった黒のマントを身に纏い、ヴァンパイアの「仮装」をしてクーダを脅かしもする。ステレオタイプなイメージを逆手に取って反逆する在り方は、彼のクィア性とも接続するだろう。「クィア」自体、「オカマ」や「変態」を意味する蔑称を当事者が奪還して肯定的に使い始めた言葉でもある。マーティンはラジオの身の上相談で、人知れず抱え込んでいる苦悩を真剣に話す。パーソナリティーはそれを半ば茶化し気味に聞くものの、「物珍しい」マーティンは人気者にすらなっていく。身近な人ではなく、見ず知らずの他人やメディアに匿名で悩みを語るそんなマーティンの姿からは、アイデンティティに悩むクィアの若者像を看取できる。

『マーティン』からの影響を色濃く感じさせる岩井俊二による現代のヴァンパイア映画『ヴァンパイア』（11）は、『マーティン』と一つの「問い」を共有している。『ヴァンパイア』の青年サイモンもまたマーティン同様、首を噛んで血を飲む原始的な手段ではなく、文明的な器具で抜き取った血を瓶に溜めて飲み、無闇に人を傷つけないように振る舞う独自の美学を有するヴァンパイアだ。そんな『ヴァンパイア』に対し、「そもそもサイモンは本当にヴァンパイアなのか？　ただそう呼ばれる（名づけられる）だけではないか？」と疑義を投げかける声もある。※奇しくもそこにある「名づけ」の問題は、おそらく『マーティン』においても重要であるように思われる。何故なら、クーダはマーティンをその名ではなく「ノスフェラトゥ」と呼ぶことに固執しているからである。よってマーティンは彼自身の自己規定とは別に、幾度となく「ノスフェラトゥ」と他者によって名づけられ続ける。それはあたかも洗脳の儀式となり、逆説的にマーティンがただ「そう呼ばれるだけ」の人間であるかのような印象を観る者に与えうる。よってカラー映像とは区別されるマーティンの妄想として差し込まれるゴシックな白黒映像は、映画を貫流する強迫観念性をより一層高める効果として機能していると言えるだろう。

しかしながら、ここではあえて監督のジョージ・A・ロメロやマーティン役を演じた俳優のジョン・アンプラスが掲げる「答え」を無視し、マーティンは半ヴァンパイアなる者だと唱えてみたい。ロメロのフィルモグラフィを辿ってみると、『モンキー・シャイン』（88）では知能を実験的に向上させられた猿が四肢不随の男の思考を読み取る分身となり、『ダーク・ハーフ』（93）では作家の男が邪悪な半身《ダーク・ハーフ》と闘い、『URAMI～怨み』（00）では日々の鬱憤を募らせた男が真っ白な仮面の貼り付いた「顔のない男」へと変貌する。彼らは自らの半身、あるいは分裂したもう一人の自分との鬩ぎ合いに身を置いている。そもそもロメロの十八番であるリビングデッド＝ゾンビも、「生きる屍」の字のごとく半分生きて半分死んでいる、生者と死者が一体化した者たちだ。そう考えていくならば、『マーティン』におけるこの「問い」は、完全なる人間か完全なる吸血鬼かの二者択一では答えられないはずだろう。

　クーダから町の人間に手を出すなと警告されていたマーティンは、サンティーニの死を理由にクーダの手によって殺められてしまう。それでもその理由以上に、マーティンがヴァンパイアである半身と人間である半身の狭間で引き裂かれていた異端児であったがゆえに、ヴァンパイア一族の純血主義を揺るがす脅威としてクーダはマーティンを葬り去ったのではないかと思えてならない。だからこそマーティンは拳銃でも刃物でもなく、ヴァンパイアを退治する伝統的な手段である「杭」で死ななければならなかった。クーダはマーティンにただ「死」を齎すだけでなく、「ヴァンパイアの通例的な死」を齎そうとした。最後まで、「ノスフェラトゥ」と呼びかけながら。換言すればマーティンは、ステレオタイプ的なヴァンパイアであることを、その身に永久に打ちつけられたのだ。

『マーティン』が生み落とされた70年代というアメリカの時代は、69年の「ストーンウォールの反乱」を一つの契機としたゲイ解放運動をはじめ、様々な社会運動の大きなうねりが起こった地点とそう遠くない。周縁に追いやられていた透明な者たちが可視化され始め、世界は急激な変容を迎えていた。「伯爵」の愛称で親しんでいたマーティンを喪失したラジオのリスナーが、「僕は伯爵を知ってる。友達にそっくりなんだ」と語って映画は幕を閉じる。かつてそのラジオのパーソナリティーが言った「あなたの隣にいるかもよ」が、そこに残響してくる。どのカテゴリにも属せず、自らが何者であるかもわからぬまま居場所もなく死んでいったマーティンは、あなたのよく知る誰かだったかもしれない。クーダはマーティンの亡骸を埋めたのであろう庭の一角に種を蒔き、十字架をそっと手向ける。その土の奥深くに眠るマーティンは、そこからなにが芽吹きゆくのかを、知る由もないだろう。

※脚注

北小路隆志「『ヴァンパイア』ユーモアという新たな魅力を纏った吸血鬼映画」『岩井俊二『Love Letter』から『ラストレター』、そして『チィファの手紙』へ』（河出書房新社、２０２０年）Ｐ１７９

ジョージ・A・ロメロ　バイオグラフィ

伊東美和

かつては〝マスター・オブ・ホラー〟、現在は〝ゾンビ映画のゴッドファーザー〟と呼ばれることが多いだろうか。ジョージ・A・ロメロは数々の傑作ホラー映画を残しただけでなく、ゾンビ映画というジャンルそのものを作り上げた。優れた映画監督は大勢いるのかもしれないが、たったひとりでジャンルを作り出したクリエイターは稀だろう。

ジョージ・A・ロメロは、1940年にニューヨークで生まれた。父親は広告デザイナーであり、映画関連の仕事も多かったようだ。また、自宅には8ミリ映写機があり、映画をレンタルで観ることができた。こうした環境も手伝ってか、ロメロは幼少期から映画に興味を示し、『遊星よりの物体X』（51）に衝撃を受け、『ホフマン物語』（51）に感動して映画監督を志したという。14歳の誕生日に裕福な叔父から8ミリ・カメラをプレゼントされると、夢に近づこうと自主映画制作に熱中した。撮影のために燃えるマネキンをビルの屋上から投げ落とし、警察に思いっきり絞られたというエピソードもある。

高校卒業後、ロメロは『北北西に進路を取れ』（59）の撮影現場で雑用係のアルバイトをしている。この経験で映画への憧れを強くした一方、ヒッチコックの冷めた演出態度とハリウッド式のシステマティックな撮影に幻滅したという。後にロメロはハリウッドに背を向け、ピッツバーグを拠点に映画を制作するが、その背景にはこの時の経験が多少なりとも関わっているのではないだろうか。

ピッツバーグのカーネギー工業大学（後のカーネギー・メロン大学）に進学したロメロは、後に『ナイト・オブ・ザ・リビング・デッド』（68）のスタッフとなるルディ・リッチ、ジョン・ルッソと知り合いになった。新しい仲間を得たロメロは、件の裕福な叔父に借金して長編映画を撮ろうとするが、途中で資金を使い果たして完成させることができなかった。手元に残ったのは16ミリ・カメラと照明だけ。そこでロメロは再び叔父に金を無心し、CM制作会社ラテント・イメージを設立する。低価格で品質のいい映像を制作する同社はクライアントの信頼を得たものの、経営状況は常に芳しくなかった。

デビュー作『ナイト・オブ・ザ・リビング・デッド』の衝撃

ロメロはラテント・イメージ時代に何度か映画制作を試みたが、それが実際に実を結んだのは68年のことだった。ラテント・イメージの社員と友人が一人600ドルを出し合えば長編映画を撮れるのではないか――このジョン・ルッソのアイデアを切っ掛けに、ロメロは学時代の友人や仕事仲間を巻き込んで即席のプロダクション、イメージ・テンを結成、本格的に映画制作に取り掛かる。

予算は少なく、失敗は許されない。ロメロは興行的なメリットからモンスター映画を、それも予算のかからない人間型モンスターの映画を撮ることを選択し、モダン・ゾンビ映画の原点『ナイト・オブ・ザ・リビング・デッド（以下、NOTLD）』を作り上げる。

本来、ゾンビとはハイチ伝承にある生ける屍のことを指す。ヴードゥー教の呪術師に操られる彼らは、死後もなお働かされ続ける哀れな奴隷であり、命令がなければ自発的に人間を襲うことはない。『ホワイト・ゾンビ』（32）に始まる初期のゾンビ映画は、このヴードゥー・ゾンビを描いており、ゾンビに襲われることの恐怖よりもゾンビにされることの恐怖をテーマにしていた。

一方、ロメロのゾンビは、リチャード・マシスンの小説『アイ・アム・レジェンド』に登場する吸血鬼を参考にしている。この吸血鬼の低い知能、鈍い動きをそのまま借りたうえ、その食料である血液を人肉に、弱点である心臓を脳に変更したのだ。このモダン・ゾンビは呪術師の奴隷ではなく、本能のまま人肉を食らい、噛みついた相手に感染し、脳を破壊されるまで活動を続ける。現在、誰もが知っているゾンビのオリジンである。

モダン・ゾンビというモンスターのユニークさに比べ、『NOTLD』のストーリー自体はシンプルだ。ある日突然、死者が蘇り、人間を襲い始める。生存者たちは一軒の農家に籠城し、迫りくるゾンビの群と戦いを繰り広げる。それにもかかわらず、本作が優れたホラー映画であるのは、死者が蘇るという設定を除き、劇中の出来事や登場人物の行動を現実的に描いているからだ。

『NOTLD』制作時、ロメロはふたつのことを念頭に置いていた。ひとつは劇中の恐怖を身近に感じられるものにすること。もうひとつは登場人物の行動を納得できるものにすること。死者が人間を襲うことなど実際にはありえないが、危機に直面した人物の行動や起きるトラブルにはリアリティがなければならない。本作には登場人物の不自然な行動やご都合主義的な展開が少ない。死者が蘇るという設定さえ飲み込めば、観客は生存者のサバイバルを現実味があるものとして共有できるのだ。

さらに本作は、典型的なモンスター映画のルールに沿いながらそのルールを壊していく。若いカップルの恋愛感情、母親が娘に向ける献身的な思いは悲惨な結果を招く。主人公が発揮するリーダーシップは、仲間を引っ張るどころか無用な対立を引き起こす。救助に現れた民兵にいたっては、生存者をゾンビと見誤って撃ち殺す始末である。ここに観客を安心させる予定調和はない。

本作は新人監督による製作費11万ドルの低予算モノクロ映画ながら、ドライブイン・シアターを中心に大ヒットし、『ヴァラエティ』誌の年間興収ランキング上位に食い込んだ。さらにヨーロッパを中心に様々な国で公開され、スペインとフランスでは一年半に渡るロングランを記録した。69年にヨーロッパで公開されたアメリカ映画のうち、最も稼いだのが本作だといわれる。

試行錯誤の時代

ロメロはホラーで世に出たものの、ホラー専門の監督になるつもりはなかった。ゾンビから一転、監督2作目はビターな後味のラブコメディ『There's Always Vanilla』(71)だ。ロメロが自身のワーストに挙げる本作は興行的にも惨敗した。続く『悪魔の儀式』(72)は、ストレスを抱えた主婦が黒魔術に傾倒していく姿を描いたオカルト・テイストのドラマだ。

当時、フェミニズム運動に関心を持っていたロメロは、この映画を一種のフェミニズム映画として撮影したが、その意図が配給会社に汲み取られることはなかった。本作は大幅にカットされた挙げ句、皮肉にもソフトコア・ポルノとして公開された。

興行的失敗が続いたことからロメロは再びホラー・ジャンルに立ち返る。『ザ・クレイジーズ』（73）は、人間を凶暴化させる細菌兵器が引き起こすパニックを描いたサバイバル・ホラーだ。事態収拾のために手段を選ばない軍部の狂気と、軍と狂人に追われる主人公の絶望的な逃避行を平行して描き、息詰まるようなサスペンスを生み出している。前2作よりも批評家は受けは良かったが、それでも興業成績は振るわなかった。

70年代半ば、相次ぐ映画の失敗でロメロは100万ドル近い借金を抱えることになり、思うように映画を撮ることができなくなった。そんな時に出会ったのが、映画投資ブローカーであり、プロデューサー志望の青年リチャード・P・ルビンスタインである。ロメロとルビンスタイは共同で新会社ローレル・グループ（後にローレル・エンタテイメントに改名）を立ち上げ、『O.J. Simpson: Juice on the Loose』（74）『The Winners』（73〜74）などのTVドキュメンタリーを制作する。敬老の啓蒙を目的とした老人受難ドラマ『アミューズメント・パーク』（73）も同時期の作品だ。以後、ルビンスタインが映画製作におけるビジネス面を担当し、ロメロは撮影に専念するようになった。両者の関係は80年代半ばまで続き、その間はルビンスタインが常にプロデューサーを務めた。

ローレル・グループ最初の長編映画は、悩める青年吸血鬼を描いた『マーティン』（73）である。『NOTLD』がゾンビ映画の現代的な解釈だったとすれば、『マーティン』は吸血鬼に関するそれといえよう。主人公マーティンは人間の血を飲むのだが、彼が本当に吸血鬼なのか、自分でそう信じているだけなのか最後まで分からない。彼は伝統的な吸血鬼とは異なり、女性を睡眠薬入の皮下注射で眠らせると、その手首をカミソリで切り裂いて溢れ出る血をすする。呪われた自分という存在に苦しみ、深夜のラジオ番組で悩みを打ち明けることもある。

かつて『マーティン』の製作費は25万ドルといわれていたが、実は『NOTLD』よりも安い10万ドルで制作されている。

プロデューサーのルビンスタインが、プロダクションから低予算で仕事を依頼されることを嫌い、実際よりも倍以上高い製作費を発表したのだ。前作『ザ・クレイジーズ』同様、批評家受けの良かった本作だが、国内では2年間も公開されず、カンヌ映画祭で上映されたことを契機に先にフランスで評判を呼んだ。ロメロは本作の出来に満足しており、自身のベストに挙げることも多かった。

『ゾンビ』の大成功と黄金時代

デビュー作『NOTLD』続編の話は早い時期からあった。だが、当のロメロは良いアイデアを思いつかず、続編を撮る意欲を徐々に失っていた。彼の気持が大きく変わったのは74年だった。アメリカ最大のショッピング・モールとしてオープンしたモンローヴィル・モールを見学した際にひらめくものがあったのだ。緊急事態が発生した時、ここに逃げ込めば生き残ることができるかもしれない。消費の殿堂たるモールを舞台にすれば、現代アメリカを風刺した映画を撮れるのではないだろうか。

ロメロが具体的に動き始めたのは、『マーティン』完成後のことだった。だが、同作の失敗からアメリカ国内だけで製作費を集めるのは困難だった。ちょうどその時、ロメロにダリオ・アルジェントから電話が掛かってくる。用件は『NOTLD』の続編を撮る気があるか否か。もし撮るなら協力したい。ロメロはアルジェントと面識がなかったが、数週間前に彼のデビュー作『歓びの毒牙』(69)を観て、その手腕に感心したばかりだった。アルジェントの申し出は渡りに船だ。ロメロはアルジェントと手を組み、『NOTLD』の続編となる『ゾンビ』(78)を制作する。

前作は田舎町のゾンビ・パニックを描いていたが、『ゾンビ』ではその被害がアメリカ全土に拡大している。生存者グループは巨大なショッピング・モールに籠城するが、ゾンビはもちろんのこと、武装した他の生存者とも戦わなければならなくなる。

ロメロは本作においてホラーとアクションの融合を目指すと同時に、初めて意図的に社会風刺を盛り込んだ。巨大なショッピング・モールを舞台に選んだのは、それが物質主義・消費主義の殿堂であり、アメリカのライフ・スタイルを象徴していたからだ。

前作はモダン・ゾンビというクリーチャーを生み出したが、その続編である『ゾンビ』はゾンビ映画というジャンルのフォーマットを作り上げたといえよう。生存者とゾンビとの攻防、戦略性のある駆け引きに加え、ゾンビ・パンデミックによって文明社会が崩壊し、終末的な世界が訪れるという設定は、後に「ゾンビ・アポカリプス」と呼ばれるジャンルの雛形になった。本作の登場以降、ゾンビを扱ったフィクションのすべてが本作の影響下にあるといっても過言ではないだろう。もちろん、大ヒットしたTVシリーズ『ウォーキング・デッド』もその例外ではない。

『ゾンビ』は世界的な大ヒットを飛ばし、ロメロはホラーの第一人者に返り咲いた。彼は『ゾンビ』の北米配給を手掛けたユナイテッド・フィルム・ディストリビューション・カンパニー（UFDC）と『ゾンビ』の続編を含む3作品の監督契約を交わす。当然、UFDCとしてはホラーを期待しただろうが、ロメロは自分のイメージが固まることを嫌い、まずは非ホラー映画『ナイトライダーズ』（81）を発表する。同作はアーサー王伝説を下敷きに、中世騎士の

扮装でバイク・スタント・ショーを行う旅芸人の一座を描いたドラマだ。

ＵＦＤＣとの2作目は、ＥＣコミックス社の俗悪怪奇マンガにオマージュを捧げたオムニバス・ホラー『クリープショー』（82）である。『ナイトライダーズ』にもゲスト出演したロメロの盟友であり、少年時代にＥＣコミックスを愛読したスティーヴン・キングが初めて脚本を手掛けた。『ゾンビ』のロメロと人気作家キングのコラボである同作は、ワーナー・ブラザース配給でワイド・リリースされ、公開初週に『ランボー』（82）を抜いて全米興行成績1位になった。

この成功を受け、ロメロとルビンスタインはＴＶ向けのホラー・アンソロジー『フロム・ザ・ダークサイド』を制作する。同シリーズは84年から88年まで続いたが、自分の作品を追求したいロメロと、安定した収益を確保したいルビンスタインとの間で意見の違いが表面化した。その結果、ロメロは自身が設立したローレル社から離れることになる。

『死霊のえじき』と苦難の時期

そして、いよいよ『ゾンビ』の続編であり、リビングデッド・シリーズ3作目『死霊のえじき』（85）だ。ロメロは『ＮＯＴＬＤ』の頃からリビングデッド・シリーズを3部作にする大まかな構想を持っており、『死霊のえじき』をその完結編にするつもりだった。彼は２００ページ超の脚本を書き上げ、それを半分程度に切り詰めた。ロメロいわく、その内容はゾンビ版『風と共に去りぬ』（39）であり、特殊メイクのトム・サヴィーニによれば、ゾンビ版『レイダース／失われたアーク』（81）だったという。

だが、ＵＦＤＣは制作費がかかりすぎるとの判断から脚本に難色を示した。『ゾンビ』の時と同じくイタリアのダリオ・アルジェントが資金面で協力するはずだったが、ドルの高騰により手を引いたことも悪材料だった。

ロメロはＵＦＤＣと交渉を続けたが、７５０万ドルの予算でR指定にするか、３５０万ドルでレイティングを気にせずに撮るかを迫られて後者を選択し、予算に合わせて脚本を全面的に書き直した。その結果、脚本から多くの登場人物とエピソードが削られた。人間とゾンビの数が逆転した黙示録的な世界を背景に、離島に君臨する元フロリダ州知事ら富裕層とレジスタンスとの戦いを描いた物語は、地下倉庫で避難生活を送る科学者と軍人の対立を軸にしたものにスケールダウンされた。

当初の構想とは異なる内容の本作だが、ちゃんと見どころはある。知能を備えたゾンビのバブは、ゾンビ映画随一の人気キャラクターであり、ゼロ年代以降に増える自意識を芽生えさせたゾンビの元祖だろう。また、トム・サヴィーニが手掛けたスプラッター・メイクは、『ゾンビ』の頃から格段の技術的進歩を遂げており、過剰でありながらもリアルなものになっている。腹腔から内臓をこぼしながら起き上がるゾンビ、切断されても動き続ける生首、真っ二つに引き裂かれる人体——CG全盛の今、プラクティカル・エフェクトの迫力を再確認できるだろう。

リビングデッド・シリーズ3作目『死霊のえじき』は、批評的・興行的に惨敗した。興収は初期3部作のワースト。同年公開の大作『バック・トゥ・ザ・フューチャー』(85)『コクーン』(85)にはもちろん、ダン・オバノン監督のゾンビ映画『バタリアン』(85)にも負けた。本作がカルト的な人気を得るのは少しあと、ビデオ・リリース以降のことだった。

ホラー映画、ゾンビ映画の第一人者として確固たる地位を築いたロメロは、より規模の大きなプロジェクトから声がかかるようになった。だが、映画の規模が大きくなるほど、自分の意見を通すことが難しくなる。特にロメロの場合、『死霊のえじき』の制作トラブルと興行不振が足を引っ張った。ロメロはキング原作『ザ・スタンド』(91)『ペット・セメタリー』(89)、リメイク版『ミイラ再生』(32)などに参加したものの、相次ぐ制作中止・監督交代に見舞われている。

この時期、ロメロはかつてほどの存在感を示すことができなくなっていた。大手オライオン・ピクチャーズ製作の『モンキー・シャイン』(88)『ダーク・ハーフ』(93)、フランス資本の『URAMI』(00)は、どれもジキルとハイド的な人間の二面性をテーマにしている。これらは過去の作品ほど評価を得られなかった。ポー原作のオムニバス『マスターズ・オブ・ホラー/悪夢の狂宴』(90)は、ダリオ・アルジェントとの競作だが、もともとTVシリーズとして企画された作品だけに小粒な仕上がりだ。90年代末には人気ゲームの映画化『バイオハザード』の監督に起用されたものの、書き上げた脚本の出来が悪かったために降ろされている。

ゾンビ映画ブームが再起をもたらす

あらためてロメロが注目を集めることになるのは、ゼロ年代の半ばからである。『バイオハザード』(02)『28日後…』(02)のスマッシュ・ヒットから始まるゾンビ映画ブームに乗っかり、ジャンルの創始者たる彼が再びゾンビ映画を撮り始めたのだ。

リビングデッド・シリーズ4作目『ランド・オブ・ザ・デッド』(05)は、ユニバーサル製作であり、ロメロ作品としては過去最高の予算1500万ドルが投じられた(ちなみに『バイオハザード』は3300万ドルだ)。舞台となるのはゾンビ・パンデミックから数年後の世界。新たに築かれた町では、一部の権力者が中央の高層ビルに陣取り、それ以外の人々は周辺に広がるスラムで暮らしている。主人公ら傭兵は住民の生活を維持するため、武装トラックで外の世界から物資を調達する。支配者層のために兵士が危険地域に向かい、無差別にゾンビを狩る構図は、当時のイラク戦争を風刺しているといわれる。

前作『死霊のえじき』のバブも知能を備えていたが、ここには仲間を率いて行動するリーダー的なゾンビが登場する。ビッグ・ダディの愛称で知られる彼は、うなり声で他のゾンビに指示し、銃の使い方をレクチャーする。彼に従うゾンビも次第に知恵をつけ、様々な武器を手に人間を襲撃する。

前述したように『NOTLD』はリチャード・マシスンの小説『アイ・アム・レジェンド』にインスパイアされている。その『アイ・アム・レジェンド』の吸血鬼が最終的には知性と感情を取り戻し、新たな社会を築いたように、ついにロメロ・ゾンビも自らの意志を持って行動できるようになったのだ。

デビュー以来、10年単位の長いスパンで地道にゾンビ映画を発表してきたロメロだが、ゼロ年代のゾンビ映画人気に後押しされて活動を活溌化させる。シリーズ5作目『ダイアリー・オブ・ザ・デッド』は、前作から2年後の07年に発表されている。

前作が大手ユニバーサルの製作だったのに対し、本作は予算200万ドルのインディペンデント映画だ。有名俳優の出演はなく、派手な見せ場も用意されていない。代わりに低予算映画ならではの身軽さを生かし、ゾンビ発生直後のカオスをファウンド・フッテージ・スタイルで切り取ってみせる。

ロメロがファウンド・フッテージを採用したのは、その映像スタイルそのものが、バイラルメディアに代表される今日的なメディアを象徴しているからにほかならない。蘇った死者が人間を襲うという異常事態を前に、人々は正確な情報を求めるが、TVやラジオを鵜呑みにはできない。現地の様子をとらえた映像ですら、情報をコントロールしようとする何者かに編集され、真実を隠されている可能性がある。だから主人公は自分の見た一部始終をビデオ・カメラで記録する。動画共有サイトに映像をアップし、世界中の人々に真実を知らせるためだ。ロメロはメディア・リテラシーの重要性を解きつつ、ネットの登場により既存メディアの影響力が衰えていることを浮き彫りにしていく。

6作目のゾンビ映画『サバイバル・オブ・ザ・デッド』(09)は、シリーズ初となる前作の登場人物を引き継いだ続編だ。ロメロ本人は、前作が新時代の『NOTLD』だとすれば、本作はゾンビ映画にアクションを盛り込んだ『ゾンビ』に相当すると語っている。ゾンビ映画の金字塔『ゾンビ』と比較するのはどうかと思うが、社会派メッセージでやや頭でっかちになっていた前2作とは異なり、この作品は良い意味で肩の力が抜けたB級アクション映画である。ウィリアム・ワイラーの西部劇『大いなる西部』(58)をもとにしたストーリーは、現代のアメリカと無意味な戦争を象徴しているそうだが、はあそうですか、という感じ。むしろ、長らくゾンビ映画に縛られ続けてきたロメロが、ゾンビにかこつけて自分の好きなものを撮ったように思える。シンプルに言えば、iPhone の出てくるゾンビ西部劇だ。ロメロは本作を3、4部作にする構想を持っていたが、DVDセールスが不振だったために撮ることができなかった。

ロメロは09年に住み慣れたピッツバーグを離れ、カナダの市民権を獲得してトロントに移住した。かつてのピッツバー

グはハリウッド映画のロケ地として様々な設備を整えていたが、今やそれが海外に移ったというのが理由のひとつだ。10年にはダリオ・アルジェントの兄クラウディオから『サスペリアPART2』（75）の3Dリメイクを監督しないかと打診された。興味を持ったロメロは友人であるダリオに連絡したが、彼がリメイクの件を知らなかったためにクラウディオのオファーを断った。

そして17年7月16日。ロメロは肺がんによる闘病生活の末に他界した。お気に入りの映画『静かなる男』（52）のサントラを聴き、妻と娘に見守られながらの最期だった。享年77。

ロメロはゾンビ映画『ロード・オブ・ザ・デッド』の制作に参加しており、自身で脚本を書くつもりでいた。さらに原作を手掛けたコミック『Empire of the Dead』のTVシリーズ化、脚色を担当したS・C・シュローズマン原作『Zombie Autopsies』の映画化と進行中のプロジェクトは多数あった。

ロメロは死の直前までリビングデッド・シリーズ完結編『トワイライト・オブ・ザ・デッド』の脚本を執筆していた。同作は『ランド・オブ・ザ・デッド』の直接的な続編らしく、生物がほとんど死滅した世界が舞台になるという。現在、共同脚本家のパオロ・ゼラティに加え、ジョー・クネッター、ロバート・L・ルーカスが脚本を書き継いでいる。あまりいい予感はしないが、リビングデッド・シリーズのラストを見届けたい。

ホラーというジャンルも
リスペクトされるべき

Interview
スザンヌ・デスロチャー・ロメロ

取材・文：ノーマン・イングランド　翻訳：児嶋都

スザンヌ・デスロチャー・ロメロは、2011年にジョージ・A・ロメロと結婚し、2017年の逝去までを共に過ごした。現在、GARF（ジョージ・A・ロメロ財団）の代表として、ロメロの生前の活動内容を保管し、その影響下にある新世代のクリエイター達の活動を支援している。財団の設立は、夫の芸術的遺産を守りたい、というスザンヌ個人の希望から始まったが、ピッツバーグ大学との連携により『アミューズメント・パーク』の修復作業へと繋がり、ペンシルバニア州の教育センターで「ジョージ・A・ロメロ映画製作プログラム」の活動へと発展している。

——ご自身の経歴と、ロメロとの出会いについて聞かせてもらえますか？

スザンヌ・ロメロ（以下S） わたしはフランス系カナダ人で、モントリオール生まれ。ケベックで6年間演劇学校に通い、その後トロントでロシア史を勉強しました。05年にバーテンダーのバイトをしていた店にジョージが飲みに来たの。当時彼のことは全く知らなくて、映画の編集をしてるんだと言っていましたね。そのうち仲良くなって、彼の映画『ランド・オブ・ザ・デッド』のラフカット上映をやるから観に来ないか、と誘われました。そのときになって初めて彼のことを検索して、何者か知りました。上映には友人と一緒に行きましたが、実はわたしホラー映画が大嫌いだったんです。シェークスピアや教養文学が好きでしたから、正直気が重くて。彼を傷つけたくはないけど、感想を聞かれたら正直に言わなくちゃと思っていました。ところが、驚いたことに映画は思っていたほど悪くなかったんです。感想を聞かれたから正直に「悪くないと思うわ」って、答えたの。そしたら彼「悪くない、だって？」って、大笑いしてましたね。

このとき人生で初めて、ホラー映画が「安っぽい脅かし」以上の表現を持つものなのだと感じました。今でもわたし自身は決して「ホラーファン」とは言えませんが、ジョージがリスペクトされるのと同じように、ホラーというジャンルもリスペクトされるべきだと思うようになりました。

現在もジョージは沢山のファンに支えられていますが、わたしは彼を「ゾンビ」という箱から取り出して、ひとりのアーティストだということを伝えていきたいと思っています。頭の切れる人物だったし、他の監督が試したことのない方法でポップカルチャーに影響を与えました。

ああ、ジョージとの出会いについてでしたね。彼がわたしに好意を持っていて、デートしたいと思ってるのは知っていましたけど、躊躇していました。まず第一に、彼は喫煙者で、わたしはタバコが嫌い。第二に、彼はまだ前妻のクリスティンと別居したばかりでした。第三に決定的だったのは、彼がゾンビ映画の監督だということ！でも、何度も誘われたのでデートをＯＫしました。それはタイ料理のレストランでしたが、結局その夜は二人とも料理に手を付けずに終わったんです。なぜだと思います？　話しても話しても、話が終わらなくて食べる暇がなかったの！　家に帰って、誰かとこんなに楽しい時間を過ごしたことがあったかしら？と、しみじみ思いました。二度目のデートからは、もう戸惑いの気持ちはありませんでしたね。わたし達がうまくいった理由は、仕事上の関係が一切無かったからだと思います。そしてわたしは彼が「ジョージ・Ａ・ロメロ」だから付き合い始めたのではなかったし。ただお互い一緒にいることが好きでした。共通点も沢山ありましたよ。ジョージはボードゲームが大好きで、モノポリーやスクランブルを一緒に楽しみました。アンチデバイスだったからビデオゲームの類はやりませんでしたね。携帯電話も持っていなくて、付き合い始めてからは皆、彼と連絡を取るためにわたしの携帯へ電話してきてました。

出会って二ヶ月くらいで、公式に付き合い始めました。そこで彼がわたしに望んだのは、彼の映画を全て鑑賞すること。金曜日から観始めて、月曜には制覇しました。実はね、わたしが一番好きじゃない作品は『ゾンビ』だったの。ジョージはそれがとても面白かったみたい。この映画が一番ダメと感じるのは、地球上でキミくらいだよと言ってました。

その後すぐに『ダイアリー・オブ・ザ・デッド』の制作に入り、わたしにとっては初めての現場経験で、プレスツアーにも同行しました。このとき、わたしの恋人はカリスマのある有名人で沢山のファンがいる、ということを実感したんです。わたしもこの状況に慣れなくてはいけないのだ、と。

――ジョージと結婚したのはいつですか?

S 2011年です。結婚を機に日本へ旅行する予定でしたが、あの大震災が起きて中止になりました。ジョージは以前からとても日本を訪れたくて、でもいつもなにかトラブルが起きて叶わないんだと言っていました。

――GARFの設立を思いついたきっかけは? ピッツバーグ大学のジョージ・A・ロメロ・アーカイブについても教えて下さい。

S そもそもはGARFを作る計画などありませんでした。あえて思い出すなら、まだジョージが生きていた頃、いつものように二人でスクランブルをして過ごした夜のことです。なんとはなしに、彼の今まで創り上げてきた芸術を遺産としてどう考えてるの?と聞きました。すると彼は「そんなもの、誰も気にしやしないよ」って、言い捨てたんです。わたしはちょっとショックで、言葉に詰まりました……ジョージもそれ以上なにも言わなかった。

その一ヶ月半後です、彼が亡くなったのは。

あのときの会話がわたしの心から離れなくて、ジョージの死後ずっと考え続けました。私の友人であり、夫であった彼が、自分の芸術についてあんなふうに言っていたことを。

そしてこの頃、アメリカのピッツバーグの行政機関からジョージの生前の働きを評価したいという連絡をもらっていたので、カナダから赴きました。なかでもピッツバーグ大学のスタッフは熱心で、ジョージの生前の仕事について研究し保存していきたい、と。そうして大学の施設に案内されたときから、ジョージの遺産の未来を具体的に考えることができるようになりました。

残されたジョージの資料をアーカイブとして保存したいという大学の申し出を受け入れて、作業が始まりました。遺稿や書類、台本にメモやアイデア、それから写真。整理しても100箱はゆうに超える膨大な分量でしたね。その頃には映画祭からも上映の問い合わせが続々と入っていて。こうした作業の中で、財団を作る必要があることを確信しました。すぐに弁護士を雇い、財団として免税資格も取得したのです。

――ジョージの仕事について、あなたの印象を教えてください。

S 月並みな言い方ですが、彼は天才でした。アメリカ社会の本質的な息吹を理解する、なにかコツのようなものの持っていた。人間の行動原理に対しても同じく、です。そう……天才かどうかなんてどうでもいいわね、彼自身の思考を作品の中で表すことができる人でした。しかもインテリぶらずに、ね。彼はいつも、日常の言葉で描く人だった。毎日自分の部屋で執筆して、書き上がるとわたしに読むように、と見せてくれた。それで、わたしがいつも最初に言わなくちゃいけない言葉は「ジョージ！Fワードが多すぎるわよ！」でした（笑）。でも彼は、これが「普通の人々」の話し方なんだ、と。その後校正を重ね、プロデューサーのピーター・グルンウォルドが再度チェックして、最終的に「Fワード」は脚本中でせめて100語くらいになるようにカットしてましたね。

彼は、日常に馴染みある言葉で表現することを大切にしていました。そこに政治的かつ社会的な批評を重ね合わせる、それが彼の作品の特徴で、最も素晴らしいところだと思います。精緻に構成して「なにを見たいのか」を観客に委ねる描き方です。最近のホラー映画では、政治的になろうとすると、その考えを観客に教え込むような描き方をしているように感じます。観客を子供扱いしていて、はっきりした言葉で言わないと理解できないと思っているみたい。ジョージはそういうやり方はしませんでした。観客の知性と理解力を信じて、尊重していたんです。

――『アミューズメント・パーク』はどのようにして生まれたのでしょうか。

S　ジョージの体調がすぐれないと聞いて、友人がこの作品の16ミリフィルムとDVDを送ってくれました。彼女は90年代に開催されたロメロ作品の回顧展でこれを公開していたようです。タイトルを見たジョージは笑って「これは73年に三日間で撮影した、なんてことない映画だよ」と言ってました。その頃、彼の病状はすでに芳しくなかったので、わたしはみんなで作品を観ることを提案し、彼の娘のティナ、ジョン・ハリソン、そしてグルンウォルド達を招くことにしました。結果、わたし達がこの作品をとても気に入ったことにジョージは驚いたようでした。「これはわずかな予算で撮った、なんてことのない作品なんだよ」と。

彼が亡くなった後、この作品を周囲に紹介するとやはりとても評判が良かったので、GARF設立後の最初のプロジェクトとして、修復作業をスタートしました。

DVDが作られたのは20年前でしたし、16ミリのプリントも劣化していました。73年のオリジナルのネガはすでに存在しません。他に3つのプリントを見つけましたが、結局わたしが所有しているものが最もマシな状態でした。復元作業の前に、法的な権利をクリアにしたかったので発注元のルーテル協会へ連絡しましたが、作品の記録は紛失しており、最終的にわたし達が権利を所有できることになりました。フィルム修復会社の仕事は上出来で、完璧ではなくとも最善の結果が得られました。

結果『アミューズメント・パーク』は大きく注目されて、いまや『URAMI～怨み～』よりも広く人々に知られています。アメリカで数回の上映後、ホラー専門のストリーミングチャンネル〈Shudder〉の配信でも高評価レビューを得ました。御存知のように今年は日本でも上映が始まりますので、とても嬉しく思っています。テーマは普遍的なものです。高齢化社会として世界の先端をいく日本でも、なんらかの影響があると良いのですが。

――GARFが今後目指しているものは?

S　GARFは映画製作者の支援にも携わっています。これは「若い製作者」という意味ではありません。わたしはエイジストではありませんから。国際的な、ホラー短編映画祭のようなものをできないかと思っています。ノルウェー人はどんなものに恐怖を感じるのか？　韓国人が恐ろしいと思うものは？　ジンバブエの人だったらどうだろう？　「恐怖」は各々の文化とどのように繋がっているのか、国際的な目線でホラーというものを取り上げていきたいと思っています。なぜ、ホラーなのか、という研究でもあります。まだ小さな芽でしかありませんが、いつか大きな実りを得るかもしれません。この研究チームを誇りに思っています。

他には、映画製作者を支援するピッツバーグのＮＰＯ団体「Steeltown Entertainment Project」への資金援助や、ペンシルバニア州のダグラス教育センターへ参加する学生への支援もしています。そこでは、トム・サヴィーニによる特殊メイクのクラスや、「ジョージ・Ａ・ロメロ映画製作プログラム」も行われています。

わたしはピッツバーグが大好きですが、ＧＡＲＦについては一層大きな活動を考えています。

ジョージ・Ａ・ロメロの作品は、世界的な映画の一部です。ＧＡＲＦも現在、イタリア、フランス、イギリス、そして日本、と世界中のアンバサダーの協力を得て、活動を伝えています。我々は寄付で成り立っているので、ＧＡＲＦのオフィシャルグッズも制作しています。利益は全て財団に寄付されます。この活動は全て、彼がいまも変わらず重要な映画製作者であることを伝え、その遺産を守るために行われています。

GEORGE A ROMERO
FOUNDATION

ロメロ監督の芸術遺産を維持するための非営利団体として活動する〈GARF〉（ジョージ・A・ロメロ財団）では、インディペンデントな映画作家を支援するためのドネーションを受付中。俳優や映画製作者との無料オンラインイベントも定期的に開催し、GARF のオリジナルグッズも販売中。収益は全て財団の活動のみに充てられている。

https://georgearomerofoundation.org/

GARF 日本支部 Twitter アカウント：
@theGARF_Japan

ジョージがゾンビ・サーガの決着をどうつけるつもりだったのか伝えたい

Interview
―パオロ・ゼラティ―

取材・文：ノーマン・イングランド　翻訳：児嶋都

ロメロの構想では、1985年の『死霊のえじき』はゾンビシリーズの「完結編」となるはずの作品だった。しかし、ロメロによる最初の脚本はあまりにも壮大な構想で、それを効果的に映像化できるほどの資金を集めることは叶わなかった。結果として、脚本は予算に見合う規模の内容に書き直さざるを得ず、それは「完結編」としてロメロの満足するところでは無かったため、『死霊のえじき』はオープンエンド・スタイルで制作されることになる。

後年、二度目のゾンビ三部作で、シリーズを完結させる機会はあったが、ここでも制作上のタイミングが上手くいかなかった。

ロメロが生涯を通して、ゾンビシリーズを撮り続けたことに大いなる敬意を抱くとともに、ロメロがこのゾンビという「災い」の結末に、どのような構想を持っていたのかを知りたい、というのが我々の正直な気持ちだろう。人類はゾンビに征服されてしまうのだろうか。または、ゾンビの「治療法」を発見するのだろうか。それとも、その忌まわしい誕生と同じく、全ては謎のまま終わるのだろうか。こうした疑問に答えられるのは、唯一ロメロ自身だけであったが、あまりにも残念なことに、それを語らぬまま帰らぬ人となった。

——いや、果たしてそうだろうか？

2021年のはじめ、ロメロが逝去の直前に書き上げたゾンビシリーズ「完結編」の脚本が存在する、というニュースが駆け巡った。続けて『トワイライト・オブ・ザ・デッド』というタイトルも発表された。「トワイライト」これはかねてよりゾンビファンの間では、ロメロのゾンビ・サーガ最終章として最も相応しいタイトルであると囁かれていたものだった。（注：英語表現で『ゾンビ』原題『Dawn Of The Dead』のDawn＝始まり。『死霊のえじき』原題『Day Of The Dead』のDay＝最盛。そして『Twilight』＝終焉、といったニュアンスを意味する）

ロメロの逝去は『トワイライト・オブ・ザ・デッド』の脚本完成の直前だったが、実は共同制作者が存在した。彼の名はパオロ・ゼラティ。イタリアの映画史家であり、ロメロとの親交は十年を超える。『トワイライト・オブ・ザ・デッド』がどのようにして生まれたのか、そして現在の状態までを、彼に語ってもらった。

――まず、パオロ・ゼラティ自身について、皆に教えてもらえますか？

パオロ・ゼラティ（以下PZ）　うん、1975年に生まれて、ボローニャ大学で外国語学と外国文学科を卒業した、卒論は映画史で。これでまず、ぼくが映画愛好家だとわかってもらえるよね。父も映画狂だったから、まあ遺伝だね。10歳の誕生日に父が『ポリス・アカデミー』と『インディ・ジョーンズ』のポスターをプレゼントしてくれて、このへんからまずコレクターの道に入ってしまった。たぶんぼくは現在、イタリアでトップの映画ポスター・コレクターだ。アメリカのノワール・シネマのポスターや原画なら700枚くらい、エクスプロイテーション・ムービーなら8千枚くらいは集めている。他にも、イタリア映画、それに50年代のアメリカSF作品、フォトバスタも入れたら6千枚以上はあるかな。

子供の頃は役者になりたくてね。両親も反対はしなかったけれど、とりあえず大学はちゃんと卒業しろ、と。大学では英語とフランス語を取って、学位の所得に7年かかってしまった。論文のテーマは、ジョン・カーペンターにした。助成金を政府からもらうのに成功したから、アメリカに飛んでカーペンターに直接インタヴューしたんだ。そのとき初めてアメリカの映画コンベンションなんかにも参加して、気持ちが変わってしまった。俳優よりも、映画について執筆する道に進みたい、と。2008年に、そのときの論文をリライトして『Prince of Darkness（カーペンター『パラダイム』の原題）』というタイトルでイタリアで出版した。

2013年には、二作目『アメリカン・ナイトメア』の執筆に入り、インタヴューのために再度アメリカへ渡った。ロメロや、トビー・フーパー達と直接会ったのは、このとき。この後から仕事が増え始めて、コンベンションのインタヴューなどで頻繁にアメリカへ行くようになった。ロメロとも、一緒に過ごす時間がとても多くなったんだ。

――ジョージ・A・ロメロはイタリアにとってどんな存在だろう？

PZ　それは難しい質問だね。ロメロ自身はイタリアに数回来たことがある。有名なのは、1977年に『ゾンビ』の脚本を完成させるためにダリオ・アルジェントがロメロに部屋を借りてあげたとき。それから20年前に、トリノのファンイベントにも参加した。最後に来てくれたイベントは、ぼくが企画したんだよ。イタリア全土からファンが集って、総立ちさ。熱狂して泣いているファンもいた。イタリアで最も人気があるのは『ゾンビ』に『クリープショー』。でも、これはあくまでもコアな映画ファンの話で、イタリアという国全体でロメロの名が知られてるわけではない。最近のイタリア人は映画文化をまるでわかっていない。映画といえば、トム・クルーズ?という感じなんだ。

――『トワイライト・オブ・ザ・デッド』が、どんなふうに始まったか教えてくれる?

PZ まず、このタイトル。ジョージとぼくが「トワイライト」を選んだのは、すでにこのワードがファンの間で有名になっていたから。最初のゾンビ三部作に自然に繋がるものが相応しいと思った。引き続きゾンビ映画を作ろう、というのはぼくの提案。フロリダで彼と過ごしていたときの会話がきっかけだ。「『ランド・オブ・ザ・デッド』のラストで残されたゾンビどもは、あの後どうなるんだい?」と質問したんだけど、ジョージは「『サバイバル・オブ・ザ・デッド』はギャラが欲しくて作ったようなもんさ。自分でもあの作品で何を言いたかったのか、わからなくなってる」と、的外れな不満を漏らし始めちゃった。それでも彼に「『ダイアリー』も『サバイバル』も大好きだけど、あそこでゾンビシリーズを止めるわけにはいかないんじゃないか?」と聞いてみた。後期の三部作がオリジナルの三部作とは別の時間軸の作品だということは、わかってるよね。世界線が繋がっているのは『ランド』だけだ。だからぼくはジョージに言ったんだ「ビックダディ達はどこに行くんだい? 教えてくれよ!」って。

ジョージはぼくを見つめ、ゆっくりと眼鏡を外した。そのときから、ぼく達は『トワイライト』のストーリーを一緒に組み立て始めたんだ。四日間、ぶっとおしで話し合ったよ、最高の時間だった。ジョージのインスピレーションに火がついたようで、何年かの彼との付き合いの中で最も幸せそうだった。アイデアを纏め、緻密に構成を練って、40頁くらいに書き上げた。

そいつをジョージが脚本に仕上げる作業を開始したのが、2017年。全て順調に進んでいたのに、突然彼からの連絡が一切、途絶えたんだ。全くの、沈黙だった。……三ヶ月ほど経ってから、理由がわかった。進行性の癌を告知されたジョージは、そのときから家族以外の人物との関係を一切断っていたんだ。

カナダでのジョージの葬儀には参列した。そうして、そう、ぼく自身のショックを癒す時間も必要だった。数ヶ月してから、『トワイライト』をどうしたら良いのか、考え始めた。ファンの皆に、ジョージがゾンビ・サーガの決着をどうつけるつもりだったのか伝えたい、と思った。まずは、ぼくとジョージがどうやって脚本の執筆にこぎつけたのかを、一冊の本にしてみようと考えて、スザンヌに相談した。彼女に紹介文を書いてもらいたかったし、ぼく達の共同執筆を彼女はずっと見守っていたからね。スザンヌは、ぼくが本を出したいならそれも良いが、やはり映画化したほうがいいのではないか、と言ってくれた。

もちろん、それは素晴らしい提案だからね。ぼくはすぐに二人の脚本家、ジョー・クネッターとロバート・L・ルーカスに連絡して、未完の脚本を仕上げた。現在すでに完成して、スザンヌが映像化に向けて働きかけているところだ。

この企画は慎重に進めなくてはいけない、と思っている。すでにメジャー・スタジオからの打診はあるようだけど、ただジョージの名前を使いたいだけという可能性もある。この脚本は、ジョージの精神が籠った素晴らしいものだ。物語としても、政治的にも感情的にも、あらゆる観点から見て、ゾンビ・サーガの完璧な結末が描かれているんだ。それを理解できないどこかのスタジオに、めちゃくちゃにされるのは絶対に見たくない。

我々は、最適な監督と、最適なプロデューサーを見つけなくてはいけない。仕事が上手くて、ロメロ映画がロメロ映画である、というところを理解できる人物が必要だ。監督はアメリカ人である必要なんてない。日本人でも、どこの国の人でもいい。

――ストーリーをここで少し教えてもらうことはできる?

PZ　悪いけど、いまは無理。ううん、ログラインだけでいいなら、こんな感じだ。「物語の舞台は、生命体が激減し、ほぼ壊滅状態にある世界。しかし、人類にはまだわずかな希望があるかもしれない」とても壮大な物語で……もちろん、良い終わり方は迎えない。そう、とてもロメロらしい作品だよ。

Interview

オリジナルな世界観、社会批評、妙なギャグセンス、
そしてお行儀の良さとは別種の上品さ

大槻ケンヂ、ロメロの魅力を語る

かねてより、様々なところで『ゾンビ』（78）とロメロからの影響を広言し、実際にゾンビの登場する歌詞や小説を書いてきた大槻ケンヂ氏に、改めてその魅力を語ってもらった。

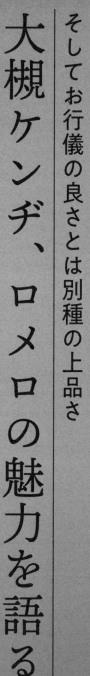

――まず、ロメロとの出会いからお聞きしたいのですが、やはり最初は『ゾンビ』ですか。

大槻　『ゾンビ』ですね。昔、『ノストラダムスの大予言』(74)という映画を観て以来、恐怖映画恐怖症みたいになってしまって。でも中学生になって、サブカルチャー、カウンターカルチャー的なものを観なきゃいけないと。『ゾンビ』は究極のやばい映画だと思ったんで、意を決してショック療法のつもりで池袋の文芸坐というところに見に行きました。『ゾンビ』はアルジェント版だったと思います。それと『溶解人間』(77)という二本立て。そこで『ゾンビ』に打ちのめされたという感じでしょうかね。

――では、それまでホラー映画とかは全然観れなかったんですか。

大槻　公開当時に、ロックシンガーの桑名正博さんがラジオで最近何か面白いことありましたかって聞かれて、「『ゾンビ』ってのは面白かったな」と答えたら、会場も司会者もみんな引いたんですよ、「あんなゲテモノ」みたいな感じで、ちょっと失笑になったんですね。そしたら桑名さんがちょっとむっとした感じで、「いやほんまや、ほんまに『ゾンビ』はええんや」って言ったんですよ。僕は桑名さんの一言で、なるほどこれは本当に面白いんだな、一目置かねばならん。下世話な、グロいだけでない見方ができる映画なんだろうと。

――今でこそロメロといえば社会批判的側面があると言われてますけど、当時はあまりそういう見られ方はしてなかったですか。

大槻　まだ中学生ぐらいだったんで、残酷描写みたいなことしか伝わってこなかったです。ただ『ゾンビ』にはアメリカン・ニューシネマの流れみたいのがあると思うんですね。青春の憤りというか、逃げ場のない未来もない閉塞感みたいな。

――おお、なるほど。

大槻　それは、当時のアメリカ社会が抱えていた思いなんだけど、僕は中高生だったんで、自分に照らし合わせて、やり場のない逃げ場のない未来のない、それでも生きていかなければいけないこの人生、それを生きている自分の青春、みたいな(笑)青春映画としてものすごく共感しましたね。「どんなことがあっても生きろ。それが無理ならば、せめて生きようとする姿勢だけは見せろ」という、強烈なメッセージを勝手に自分なりに受けました。

——ポジティヴなものとしてご覧になったんですね。最初にご覧になったのはアルジェント版だろうということですが、ロメロ版を観たときには印象が変わりましたか。

大槻　音楽が相当違うんですよね。ロメロ・バージョンはブラックユーモアなのか、たとえばパーカーが自殺しようとして思いとどまってゾンビを撃つときに「パンパカパーン」みたいなファンファーレが鳴ったりとか、ちょっとふざけてる印象。ゴブリンのかっこいい音楽がガンガン鳴る方が好きでしたね。

——最初に公開されたときはアルジェントの作品くらいに扱われていたそうですね。

大槻　当時はアルジェントも何もわからなかったんで、その後『サスペリア』(77) とかを観ると、何でアルジェントにあんな映画ができたんだろうと、ちょっと理解できなかったですね。でも、その辺りで僕は映画少年になったので。『ナイト・オブ・ザ・リビングデッド』(68) は当時は『生きる屍の夜』という邦題をつけて、字幕もない自主映画を公開するような上映会でたまにやってたんですよ。厚生年金会館の裏の変な穴蔵みたいなところで。あと、SF映画雑誌の「スターログ」なんかも読み始めて。すると幻の映画として『マーティン』(77) が出てくるんです。

——じゃあ割とすぐにロメロという名前を意識するようになったんですね。

大槻　そうですね。『クレイジーズ』(73)『マーティン』『NOTLD』はレンタルビデオで——ああ、僕が一番最初に借りたレンタルビデオは『NOTLD』ですわ。『NOTLD』と、何かAVを借りました (笑)。あれは最高の夜でしたね。

——『NOTLD』をご覧なったときはどう思われました。

大槻　もう最高でしたよね。繋がりがわかるというか、『ゾンビ』を観て『NOTLD』を観て、『クレイジーズ』や『マーティン』を観ていくと一貫したものがありますよね、カット割りが大胆っていうか。今度の『アミューズメント・

パーク』(73)でも強く思ったんですけど、カット割りについてはロメロ流ってあるなって。ちょっと繋がってなかったりするところも嫌いじゃなかったり。

――CM監督をやってたからカット割りが独特なんじゃないかっていう話を聞いたことがあります。

こうなったらずっと付き合うしかないみたいな感じで(笑)

大槻 確かに、長編映画というよりCMっぽい。あのざっくり切る大胆さ。ただ、ベトナム戦争とか消費社会といった社会的な要素をうまいこと取り組んでいたのが、『えじき』ぐらいから印象が変わってきましたね。あからさまとは言いませんけど、「ロメロ監督は、社会風刺的なことをしたい人なんだな」と。僕はもっとホラー的なものを求めてたんで、「あれ、ちょっとバランスが、自分の思うのと違う方向に行ったな」とは思いました。ちょっと風刺が足かせになっちゃった気がするな。そっちがやりたかったのかもしれないけれど。

――両方やりたかったんだとは思いますけど。

大槻 そう、そのバランスが初期の方がうまくマッチしていい感じになってたように思います。まあそれもロメロ監督の作家性なんだから、こうなったらずっと付き合うしかないみたいな感じで(笑)。

――その後も続けてご覧になってはいたんですね。

大槻 観てはいましたけど、そんなに注目をしてもいなかったというか、『えじき』以降のゾンビものも『○○・オブ・ザ・デッド』というのが自分の中でごっちゃになってて、どれがどれやらって感じになってます。『アミューズメント・パーク』は面白かったですよ、すごく。

――どういうところが良かったですか。

大槻 やっぱり経緯ですよね。ルーテル教会の人が老人差別や年齢差別をやめようという啓蒙映画を作ろうと企画したのに、発注したのがよりにもよってロメロであったために(笑)、とんでもないことになっていう経緯がまず面白いです。実際に観てみたら、アート・フィルム的な感じもあるじゃないすか。

——はい、そうですね。

大槻　アート・フィルムとしても興味深いし、カット割りとか音楽なんかも非常にロメロ映画っぽい感じがある。老人がひどい目にあうところは、『マーティン』で爺さんがドラキュラのコスプレしたマーティンに襲われるシーンとすごく重なって、やっぱりロメロの映画だな、いいなと思いますよね。ただ、『ゾンビ』とか『マーティン』とか『クレイジーズ』とか何も知らないで観た人はどういう感想を持つのかな（笑）。それも面白かったです、そのときの映画館の空気感を考えると。何も知らずに『アミューズメント・パーク』を観たら、おそらく「なんだこの映画は」と思うだろうから、そこから答え合わせをするようにロメロの他の作品を観ていくのも、また一つの出会いかも。

——まあ『アミューズメント・パーク』で初めてロメロを見るという人はなかなかいないとは思うんですけど（笑）。

大槻　いやあ、わかんないんですよ。まさかの『アミューズメント・パーク』がロメロ・デビュー（笑）。若い人ならいるかもしれない。

——確かに、なんか有名な監督らしいよ、くらいの感じで観に来ちゃうかもしれませんね。

今の状況がものすごくゾンビっぽいですよね

大槻　今のコロナ禍の閉塞感に合っているところもあるような気がします。今の状況がものすごくゾンビっぽいですよね。ステイホームとかリモートとか始めたときに、これ『ゾンビ』で眼帯の人がもうどうにもならなくなってるとテレビで喋ってる、あの映像のまんまだと思いました。

——では『アミューズメント・パーク』で初めてロメロと出会った人が、これからロメロ作品を観ていくとしたら、どういう順番で見たらいいかアドバイスをいただけますか。

大槻　それはまずは『ゾンビ』でしょうね。どのバージョンでもいいから。それでまた何か違うバージョンには出会うと思うんで、こんなに違うんだということから、映画というのは、商売品としてこれだけ変えられてしまうんだとわかると思うし。そこから『NOTLD』を観ていくのがいいんじゃないですかね。そこから『クレイジーズ』とか『マーティン』とか、『ゾンビ』以前の作品を知ってから『えじき』以降を観た方が、理解しやすい気がします。

——ある程度作家性が分かってからと。今回いろいろ見直していただいたということなんですが、何か新たな発見はありましたか。

大槻　改めて初期の作品を観ていると、結構同じ人が出てますよね。そういうのを発見できて嬉しいです。ホームメイドな感じというか。『マーティン』は4Kのブルーレイで観たんですけど、みんな肌荒れがひどい。メイクさんはいなかったのかなとか（笑）、そんなどうでもいいことに気づいたり。

——大槻さんもどこかで書かれてたと思うんですけど、「やるせなさ」みたいなものが一貫してありますよね。

大槻　やっぱりアメリカン・ニューシネマですよね。そうだ、ロメロの初期の作品を観て改めて思ったのは、当時は「やるせなさ」が商売になったんだなということですね。かつて映画を観ていた人たちは「やるせない気分」に課金してたんだなって。ロメロ監督はそこで、やるせなさに課金するところから、もっと社会批判みたいなものをビジネスのポイントにしたかったんじゃないかなという気はします。そこでホラー映画ファンとの乖離があったのかな。『アミューズメント・パーク』はアート・ムービーにも見えるし、社会映画にも見えるし、どうにでも見える映画で、非常に興味深い。あっという間に終わってキツネにつままれたような気持ちになるというのも、映画を観る上で重要だなと思いましたね。

——ご自身の作品についてもお聞きしたいと思います。

大槻　はい、僕はゾンビものは結構あって『ステーシー』という小説もゾンビものでしたね。

——あれはどういうきっかけで書き出されたんでしょう。

大槻　もちろんロメロが好きだから、ロメロのゾンビが好

『ステーシーズ 少女再殺全談』
角川文庫

きだからですね。いつかはゾンビものを書いてみたいという気持ちはあったんです。ゾンビ映画が素晴らしかったのは、ゾンビがよろよろ歩いて、頭を打ち抜くと動きが止まるみたいなルール設定の妙ですよね。だから14歳から17歳ぐらいの女の子しかゾンビにならないという設定を作ったら、それだけでちょっと面白いんじゃね？と（笑）。

――基本設定がカッチリしてるので、他の人がゾンビ物を作るときにはそこにどんなアイデアを加えるかという面白さがありますよね。それと、あとがきでも書かれていましたが、当時は精神の状態があまり良くなかったとか。

大槻　それはありました。箱庭療法的に自分の暗部みたいなものをさらけ出して、整理整頓する作業をしていたような気がしますね。

――私の友人が以前うつ病で療養していたとき、ひたすらゾンビ映画を観ていたことがあるんです。自分の暗部と向き合うという感じではなかったとは思うんですが、ゾンビを観ているときだけは心が安らぐと言って。

大槻　それはすごいな。地獄が溢れて死者が歩き出すようなドロドロの世界、崩壊の世界というのは、カタルシスはありますよね。ここまでダメならしかたないと開き直れる感じ。そこは僕が『ゾンビ』から得た教訓、「どんなことがあっても生きろ。それが無理なときには生きようとする姿勢だけは見せろ」。それとも繋がる部分があるのかもしれないですね。

――『ステーシー』はその後、映画になったり舞台になったりもしましたね。ご自身の作品とはまた別なものと考えられているとは思うんですけども。

大槻　映画版のステーシーは海外のゾンビ好事家みたいな人たちの間で、ちょっと変な作品があるぞなんて知られてるみたいですね。ミュージカル版の『ステーシー』に関しては、2012年当時のモーニング娘。さんがやってくれたんですが、今のメンバーや今後のメンバーでも再演してくれたら嬉しいですよね。

――宝塚で代が変わっても同じ演目をずっとやるみたいな。

大槻　そうそう。あとマンガ版もあって、長田ノオトさんが絵を描いてくれました。『ロボコップ』(87)のポール・ヴァーホーベン監督と、ロックバンドのＫＩＳＳのジーン・シモンズさんに会う機会があって、そのときに渡したんです。いつかヴァーホーベンの『ステーシー』ができないかなと思ったんだけど、ないでしょうね。ちょっと引いてましたから、「こ、これは」とか言って（笑）。

映画としてベーシックに上品なんですよね

――ヴァーホーベンが引くっていうのも相当ですね（笑）。では、これからロメロ作品を観るという人たちには、どういうところを観てほしいですか。

大槻　ロメロ作品は全体を通して彼が作り出した、それまでなかった世界観ですよね。世界観と社会批判と、あとロメロ監督にしかわからない妙なギャグセンスがあるんです。そこは笑うところなのか、ちょっとわからないみたいな。そういったものがまとまって独自のロメロ世界になっていくので、1本観ただけではわからない。僕ももちろんわからないですけど、それでも観ていくと共通点がどんどん見えてくる。そうだ、あんなにグロい残酷な映画を撮っていてもロメロの作品って、上品な感じがしますよね。

――あ、上品というのはたしかに。

大槻　ぐちゃどろの模様のＴシャツを作ってるんだけど、よく見るとその生地がいいみたいな。映画としてベーシックに上品なんですよね。お行儀がいいとは違う上品さに裏打ちされているところが愛されたのかな。『アミューズメント・パーク』も何だかわからない映画だし、チープでグロいんだけど、全体に紳士的で上品な感じがありますよね。クラシック感というか、古典を大事にしてる感覚。ちゃんと古典映画を観た上で、そこに自身の新しいクリエイティヴを広げていくという。

――若い頃にヒッチコックの現場に出入りしたり、そういうクラシックな映画が根っこにはあるんでしょうね。

大槻　『アミューズメント・パーク』には短くてシュールながら、そうした全要素が入っている気はしますね。初めて観る人はなんだこれって思うだろうけど、他の作品を観ていくと、あれはこういうことか、基礎はしっかりしてるんだなみたいな（笑）、そういうところがわかってくるんじゃないでしょうか。

――ハリウッドには馴染めなかったみたいですが。

大槻　独特な世界観が突出してたからでしょうね。あと、『マーティン』のメイキングなんかを見ていても、ホームメイドにやるのが好きなんでしょうね。

――そこがやっぱり大きいみたいですよね。晩年は自主映画に近いところに戻っていった。ミュージシャンでもそういう方は結構いますよね。

大槻　だから『アミューズメント・パーク』はロメロにとっても何か思うところがあったんじゃないでしょうかね。ハリウッド的なものに行くのか、それともアート・フィルム的なところにいるのか、ホームメイドでやっていくのか。きっと彼の中では何かひとつある作品だったんじゃないかという気がしました。何かの特典映像に入っててもいいような一本ですよね（笑）。それが公開されるというのも面白いんじゃないかなあ。

――今、ピッツバーグ大学にこれまで全然知られていなかったようなロメロの資料が大量に集まっているそうなんです。

大槻　財団的なのができたんですよね。

――今後もいろいろ出てくるんじゃないかと思います。『アミューズメント・パーク』もそういう機運のきっかけになるといいですね。

大槻　まだロメロは探れば探るほど何か出てきますね。いいことですよね。未亡人がしっかりしてるってのは重要だと思います。ブルース・リーなんかも奥さんのリンダさんがしっかりしてるから、こういうふうに今があるっていうのはありますから。

FILMOGRAPHY

作品紹介

1968年のデビューから2017年の死去までキャリアは50年近くに及ぶロメロだが、不遇の時代も長く、作品数は意外と少ない。ここでは、70年代のドキュメンタリー作品など鑑賞が困難な作品を除くロメロの監督作を紹介する。

68年のインディペンデント映画としての『ナイト・オブ・ザ・リビングデッド』

上條葉月

Night of the Living Dead（1968）
監督・撮影・編集・原案　ジョージ・A・ロメロ
製作　ラッセル・ストライナー、カール・ハードマン
脚本　ジョン・A・ルッソ
出演　ジュディス・オディア、デュアン・ジョーンズ、カール・ハードマン、キース・ウェイン

ジョージ・A・ロメロのデビュー作『ナイト・オブ・ザ・リビングデッド』。元祖モダン・ゾンビ映画として誰もが知る本作だが、知られているとおりロメロは本作で「ゾンビ」という言葉を使っていない（あくまでグールやリビングデッド、エジプトの神 Night of Anubis のワーキング・タイトルもあった）。ロメロがゾンビ映画の帝王となるのは78年の『ゾンビ』まで待たなくてはいけないし、そもそも本作の時点では続編を撮る予定もなかった。そういえば現代のゾンビ映画でよく見られる「戦う、強いヒロイン像」というのも、恋人に代わりヘリを操縦する『ゾンビ』のヒロイン登場以降だろう。少なくとも本作のバーバラはほとんど失神しているか、パニック状態でしかない。

本作は16ミリ白黒フィルムで撮られたピッツバーグの若者による自主映画でありながら12の映画館とドライブイン・シアターで封切られ、ロングラン大ヒットとなった（日本では当時公開されていないが）。元祖モダン・ゾンビ映画としての本作はすでに多く語られているのでそちらをご覧いただくとして、今回はそんなゾンビ・ジャンル誕生以前の「68年に撮られたアメリカのインディペンデント映画」として考えてみたい。

もはやホラー・モンスターとしておなじみのゾンビだが、本作は50年代頃までのユニバーサル・ホラーやそのリメイクでヒットしていたイギリスのハマー・フィルムなどに代表されるモンスター・ホラーとは全く毛色が違う。『NOTLD』には「ゾンビ」は言葉として登場しないだけでなく、そうしたモンスターでさえない。有名役者のいない本作で生きる屍と化してしまうのはあくまで愛する人や家族、同じ人間であり、無名の人々だ。本作の後味を一層悪くする、生き延びた主人公が人間に殺されるラストのように、頭を撃ち抜かれてしまえばゾンビも人間も区別がつかず、ただ人体の亡骸が残る。

ロメロはマシスン原作の伊・米合作映画『地球最後の男』(64)からの影響を認めているが、この作品の面白さは「普通の」吸血鬼からすると人間の主人公が怪物である、という立場の逆転にある。悪は相対的で、絶対的な怪物はもはや存在せず、名もなき群衆が恐怖をもたらす。

60年代にはロジャー・コーマンがエドガー・アラン・ポー原作のホラーを量産していたが、名もなき群衆の怖さを描いた作品といえばむしろ社会派作品『侵入者』(62)がある。「主人公に黒人を選んだのは演技の実力」と政治的意図を否定するロメロと異なり正面から公民権問題を描いた作品だが、差別主義者に扇動された南部の「普通の」白人市民たちはまるでゾンビのように、理性を失い暴走する。

さてロメロはNY生まれ、ピッツバーグで大学を卒業後、映像制作会社を起こす。『NOTLD』は地元の友人、業界の知人たちとともに予算を集めて制作した作品だ。ピッツバーグは地理的にはNYに近い位置にある。近いからといってその環境に身を置くのとはわけが違うが、それでも当時のハリウッドよりNY映画に近い雰囲気を感じる。

NYでは50年代末期から、いわゆる中小規模の独立系スタジオによる映画制作が盛んだった。カサヴェテスの初監督作『アメリカの影』が59年。またジョナス・メカスらを中心とするアンダーグラウンド・シネマの精力的な運動もあり、60年代のNYでは独立系映画、そして前衛的な映画文化が華咲いていた。シネマ・ヴェリテの影響を受け、メイスルズ兄弟らに代表するダイレクト・シネマなど新しいドキュメンタリーも生まれた。この頃から劇映画にもシネマ・ヴェリテの手持ちカメラでの撮影や同時録音といった撮影方法・スタイルが多く用いられるようになったため、劇映画とドキュメンタリーの映像の質感差は縮まっていった。

『NOTLD』はしばしばドキュメンタリータッチと評されるが、白黒ニューズリール風のルックはもちろん、ダイレクト・シネマ的なもの、すなわちナレーションやインタヴュー等による説明を廃し、画面上に映っているものだけで語っていく手法によるのだろう。本作は墓地で突然見知らぬ男に襲われたヒロインを追っていく形で物語が始まる。しかし状況説明がされることはない。ようやく中盤でテレビの情報から、どうやら死者が蘇っているらしいということがわかるのだ。主人公たちは状況をなかなか把握できず、そして観客にも登場人物たちが体験しているのと同じだけの断片的な情報しか与えられない。その臨場感が、

ドキュメンタリー的な生々しさと恐怖感を与えている。
68年、NYでは同じ40年生まれのブライアン・デ・パルマが『Murder A La Mod』で劇場長編デビューを果たしている（1館のみの公開だが）。こちらはある事件に関係する複数の人物の視点を描き、各々の視点を重ねることで徐々に全体を浮かび上がらせていく。はるかに複雑な構成だが、登場人物たちの限られた知覚を活かし、語りにスリルを与える試みとして通じるものを感じる。なお彼らは奇しくも同じ2007年に『ダイアリー・オブ・ザ・デッド』と『リダクテッド　真実の価値』でPOV的な手法を用いることになる。
ロメロは『ゾンビ』をはじめその後もピッツバーグを拠点にし続ける。そういう意味で近いのは、バルチモアにこだわるジョン・ウォーターズかもしれない。ウォーターズも友人たちと映画を撮り始め、68年に中編

『Eat Your Makeup』、69年に初の長編『モンド・トラッショ』を制作している。『モンド・トラッショ』も本作同様、白黒16ミリの自主映画。まだ何者でもなく地方で大きなツテもない彼らが35ミリカメラを使うことは困難だし、脚本から編集まで自ら行い、自主映画でデビューするほかなかっただろう。というより当時そうして8ミリや16ミリで映画を撮った無数の監督たちが全国各地にいたはずで、彼らはその中で才能を見出されたごく一握りというだけだ。

公開されても評価されず忘れ去られたアンダーグラウンドな低予算映画もたくさんある。ビデオブームやデジタル化で再発見された作品も数多あるが、そんな『Love After Death』という同じ68年の映画が、今回真っ先に頭に浮かんだ。監督グラウコ・デル・マルはラテンアメリカ出身（詳細不明）だが、NYのプロデューサーによる製作のため大部分をNYで撮影したと思われ、何にせよ適当な音楽やソフトコア・ポルノシーンなど、グラインドハウス向けのNYアンダーグラウンド映画の香り漂う作品だ。本作は妻とその愛人の医者に殺された主人公が意識のあるまま埋葬されるところから始まり、彼が墓から出て墓地をさまようシーンでオープニングタイトルとなる。彼には生前の人格があり現在俗に言う「ゾンビ」にはあてはまらないが、地上へはい出てから墓地をよたよたと歩く姿は、本作の冒頭墓地でふいに現れる、まだ何者か分からない男の姿とどうにも重なる。

こういうものに出会ってしまうと、日の目を浴びることのなかった別種の初期モダン・ゾンビ映画の存在をふと想像してしまう。ゾンビにはモンスターとしての絶対的な個性などないのだから。だが今となってはこのロメロのデビュー作におけるゾンビ像、その世界観抜きにモダン・ゾンビについて考えることは難しい。片田舎の屋敷での出来事が全世界的なパニックへと世界観を拡大していくように、たった12館で公開された本作は全世界に広まった。ロメロ・ゾンビにやられた感染者……ではなく観客は今も増え続けている。

4K レストア版
2022 年劇場公開予定
初の吹き替えも製作中！

ホラーの巨匠が若き日に挑んだ異色のロマンティック・コメディ――『There's Always Vanilla』

児玉美月

There's Always Vanilla（1971）
監督・撮影・編集　ジョージ・A・ロメロ
製作　ラッセル・ストライナー、ジョン・A・ルッソ
脚本　ルドルフ・リッチ
出演　レイモンド・レイン
ジュディス・リドリー

『ナイト・オブ・ザ・リビングデッド』（68）に続く長篇劇映画第二作目の『There's Always Vanilla』は、ジョージ・A・ロメロがホラー映画だけの作家ではないことを示そうとした意図もあり、唯一のロマンティック・コメディ映画となった。わずか7万ドルといった低予算ながら、インタヴュー映像を取り込むなど実験的な編集の工夫も見受けられる。ロメロ自身は本作を芸術的にも商業的にも失敗作として捉えているものの、そこまで悪い映画ではないと評する批評家も少なくない。

ベトナム戦争の退役軍人であるクリス（レイモンド・レイン）は、故郷のピッツバーグに戻ると、そこでテレビCMに出演する女優のリン（ジュディス・リドリー）と偶然出会い、またたくまにふたりは恋仲になる。しかし放蕩息子のクリスと現実主義者のリンとのあいだには、すぐに埋めがたい溝ができていく。タイトルの「There's Always Vanilla」は、クリスの父親がそんなクリスに、「どれだけ刺激的で変わった味を嗜めるとしても、結局はいつもヴァニラ味なんだ」と説く人生の教訓を意味している。

『There's Always Vanilla』には、１９６０年代のヒッピーの夢や苦悩が１９７０年代の商業主義と廃れた希望へと変わっていく過渡期とも言えるアメリカの姿が、ありありと映し出されている。カウンターカルチャー風な質感で進んでいく本作のなかで、ホラー映画の騎手であるロメロの手腕が最も発揮されるのは、おそらくクリスに愛想を尽かしたリンが妊娠した子供を中絶するために堕胎医の元へ訪れるシークエンスだろう。まさに手術が行われるそのとき、おどろおどろしい音楽が流れ始め、クリスがタイプライターを叩きつけるイメージがクロスカッティングされるや叫び声があがる。そこでは、短いショットが矢継早に繋がれ、ダッチアングルや陰影が効果的に使用されている。アメリカ合衆国最高裁判所が、人工妊娠中絶を規制する法律は違憲だと判断を下した「ロー対ウェイド事件」の2年前にあたる本作においては、やはり中絶がホラー映画さながらに否定的な描き方をされているのだ。

レイモンド・レインは、次作の『悪魔の儀式』(72)でも続投。『悪魔の儀式』では、主人公の主婦が魔術にのめり込んでいく物語が描かれる。はたからすれば何不自由なく見える夫と子供のいる主婦が抱える不安や虚無感は、フェミニスト作家のベティ・フリーダンが60年代に提唱した「名前のない問題」を扱っているとも考えられる。リンが女優でありながら生活消費財のテレビCMばかりに出演しているようなのも、消費主義社会と女性表象の関連への批評性があると読めるだろう。よってフェミニズムの片鱗を引き継いた『悪魔の儀式』は、『There's Always Vanilla』と相補的な作品だと言える。また、ロメロのフィルモグラフィ後期に目を向ければ、『サバイバル・オブ・ザ・デッド』(09)には男性を必要としない自立的なレズビアンキャラクターが登場し、『ダイアリー・オブ・ザ・デッド』(07)では女性キャラクターがホラー映画での女性の描かれ方に疑問を投げかけるなど、随所にフェミニズム的な目配せがある。

ラストで大きいお腹を抱えるリンが別れたクリスから贈られた箱を開けると、感傷的な音楽にのせて赤と青の風船が澄み切った青空へと飛んでいく。その箱はかつての淡い思い出を詰め込んだタイムカプセルのようでもあり、観客をノスタルジックな気分へといざなう本作は、ロメロの作品のなかでもひときわ異彩を放っている。

『悪魔の儀式』と「ルーシー・ジョーダンのバラード」

高橋ヨシキ

Season of The Witch（1972）
監督・脚本・撮影・編集　ジョージ・A・ロメロ
製作　ナンシー・M・ロメロ
製作総指揮　アルヴィン・C・クロフト
出演　ジャン・ホワイト、レイ・レイン、
ジョエッタ・マクレイン、アン・マフィ

ジョージ・A・ロメロの『悪魔の儀式』（72）が、劇中歌として用いられているドノヴァンのヒット・ソング「Season of The Witch」（66）と分かちがたく絡み合っていることは何度でも強調しておく必要がある。ドノヴァンが英国人ミュージシャンとしていち早くフラワーパワーに共感を示し、またLSDや大麻、メスカリンによる精神拡張を実践していたこと、そうしたあれこれが「Season of The Witch」の背景にあることもだ（なお同曲が発表された1966年にドノヴァンは大麻の所持で逮捕されている。イギリスでLSDが違法薬物に指定されたのも1966年。アメリカでは1968年に違法となった）。「Season of the Witch」が発表された1966年はアントン・ラヴェイがチャーチ・オブ・サタンを設立した年でもある。

オカルト、スピリチュアリズムの興隆、ドラッグによる精神拡張の追求は、旧来のキリスト教的な枠組みがもはや意味をなさなくなった世界において新たな突破口を求めるムーブメントであり、それは同じくキリスト教的な枠組みが保持してきた家父長制からの女性の開放とも一直線に繋がっている。無論ここで当時の——そして現在も続く——通俗オカルティズムが結局のところ、新たな権威（東洋由来であったり、「より古い」ことがその根拠とされる）で教会を代替しようとする試みに過ぎなかったことを指摘することはできる。

が、ロメロ自身も言うように「家庭に押し込められ、男より劣る存在として『誰それの奥さん』と呼ばれるのがさも当然とみなされていた女性」がそうした時流の中で抑圧からの解放を求めるようになったことを寓意的に描いた作品が『悪魔の儀式』だということは議論の余地がない。ロメロが本作について語るとき『ジャックの奥さん（Jack's Wife）』というのも、それがこの映画の本質を表しているからに他ならない（ロメロは初期段階から『Season of the Witch』という題名を構想していたにもかかわらず、だ）。

マリアンヌ・フェイスフルのカバー・バージョンが有名な「バラード・オブ・ルーシー・ジョーダン」は1974年にシェル・シルヴァスタインが発表した曲で（ドクター・フック&ザ・メディシン・ショーとの共演）、郊外に暮らす主婦が自分の人生に何もなかったことに気づいて発狂する物語である。『悪魔の儀式』について考えるとき、筆者の脳内にはいつも「バラード・オブ・ルーシー・ジョーダン」が鳴り響く。タイトル・ロールの（歌詞内における主人公を「タイトル・ロール」と呼んでいいのかは知らないが）主婦ルーシー・ジョーダンは37歳のある朝、「温かい風に髪をなびかせながら、パリの道をスポーツカーで飛ばす」ようなことが、自分の人生に永遠に起こり得ないことに気づく。家の掃除をして気を紛らわすことはできるかもしれない。時間潰しにお花を生けるのもいいだろう。だが頭の中に響く嘲笑をかき消すために彼女は屋根に上り、そして狂わなくてはならない。なぜなら狂気のうちにしか抑圧からの解放が存在しないからだ。

『悪魔の儀式』の主人公ジョーンはルーシー・ジョーダンと同一人物であり、焼き殺された無数の魔女たちの化身でもある。ジョーンが魔術に救いを求めることができたのは、教会の権威が音を立てて崩れ去る時代にあったからに他ならない。そうだとすれば、現在の「ジャックの妻たち」はどこに向かえば良いのだろうか？

熱力学《エントロピー》と人間嫌悪《ミザントロピー》に抗して――『ゾンビ』

後藤護

Dawn of the Dead（1978）
監督・脚本・編集　ジョージ・A・ロメロ
製作　クラウディオ・アルジェント、アルフレッド・クオモ、リチャード・P・ルビンスタイン
撮影　マイケル・ゴーニック
特殊メイク　トム・サヴィーニ
出演　デヴィッド・エムゲ、ケン・フォリー、スコット・H・ライニガー、ゲイラン・ロス

ショッピング・モールに籠城してゾンビと闘う、という以上にモールを要塞化して好き勝手やるというアイディアの方が新鮮だった『ゾンビ』（78）は、今ではビリー・アイリッシュが「Therefore I am」（21）という曲のミュージック・ヴィデオでパスティーシュの対象にするほどにはポップ・アイコン化している。とはいえ元々ロメロ版にあった消費主義への痛烈な皮肉は殆どなく、営業時間外の大型モールをビリーが我が物顔で闊歩してひたすら楽しむ内容だ。曲タイトルからして最初バーバラ・クルーガーのあまりにも有名なポップアート「我買う《アイ・ショップ》、故に我有り《ゼアフォア・アイ・アム》」由来だろうと思ったら、リリックに「我思う《アイ・シンク》、故に我有り《ゼアフォア・アイ・アム》」と出てきて直球ぶりに逆に驚いた。まあ「我思う」のデカルト式コギトの明証性が人間をゾンビと分かつ境界線だとしたら、そう宣言するビリーはゾンビではないということになろうか。

しかしモールが70年代アメリカで火を噴く勢いで増加の一途だった時代相だったからこそロメロの諷刺はアクチュアルに冴えたのであり、（不滅の名作ではあるが）現在の眼で見るとやや古風な感は否めない。若林幹夫編著『モール化する都市と社会』(13)や東浩紀＋大山顕『ショッピング・モールから考える』(16)など比較的最近の研究を覗くとモールのユートピアとしての可能性を純粋に信じている気配で、ロメロ的な新左翼ノリの「モール＝消費主義、画一化の悪しき権化」という図式的批判を乗り越えるパラダイムが出現してきているのがわかる。こうした新時代モール批評に先鞭をつけた名著にアン・フリードバーグ『ウィンドウ・ショッピング』(93)が挙げられる。この本が画期的だったのはモールが映画館と同じ仕組みであることを暴いてしまった点だ。どういうことか? ミシェル・フーコーが『監獄の誕生』(75)で一挙有名にした囚人一望監視システム「パノプティコン」、そしてその原理を利用してフランス革命以後に花開いたパノラマやジオラマといった都市型スペクタクルが、その場をほとんど動かずに視線のみを移動させて愉しむことができるヴァーチャル性ゆえにプレシネマ的空間であったとフリードバーグは喝破する。そしてこの不動の視覚革命に遊歩の感覚が加わって「パッサージュ」が生じる。本書最大の着想源はヴァルター・ベンヤミン『パサージュ論』であるが、パッサージュとは19世紀パリのアーケード街のことで、鉄骨とガラスで出来た、風雨から守られたこの通りにはノスタルジックな店舗がぎっしり詰まっていて、ベンヤミンはそこを歩くことはさながら夢見ることに等しく、「ミニチュア版の世界」だとさえ言っている。その意味で、モールとは20世紀版パッサージュであり、そこを遊歩することは夢見ることであり、詰まる所映画を観ることと同じイリュージョン体験なのである。個人的にこの映画で最も衝撃的だったのはゾンビがエスカレーターを利用しているシーンだったが、フリードバーグはこう書いている。「エスカレーターは旅の幻想《イリュージョン》をもたらす。すなわち、完全に消費者本位に構成された空間をなめらかに滑走することで、買物客の視線に機械仕掛けの移動性を与える」。なるほど、モールに結集したゾンビは消費者の諷刺ではあろうが、それ以上に座席で「旅の幻想」を楽しんでいる映画観客それ自体の換喩なのである。ゾンビも我々も「映画」を見ているのだ。

さて「外」を感じさせず「内」なる空間構築を徹底したモールはユートピアとして機能するが、この「閉じた」空間に膨れ上がるゾンビという構図から「エントロピーの法則」が連想される。松岡正剛監修『情報の歴史』を繙くと、

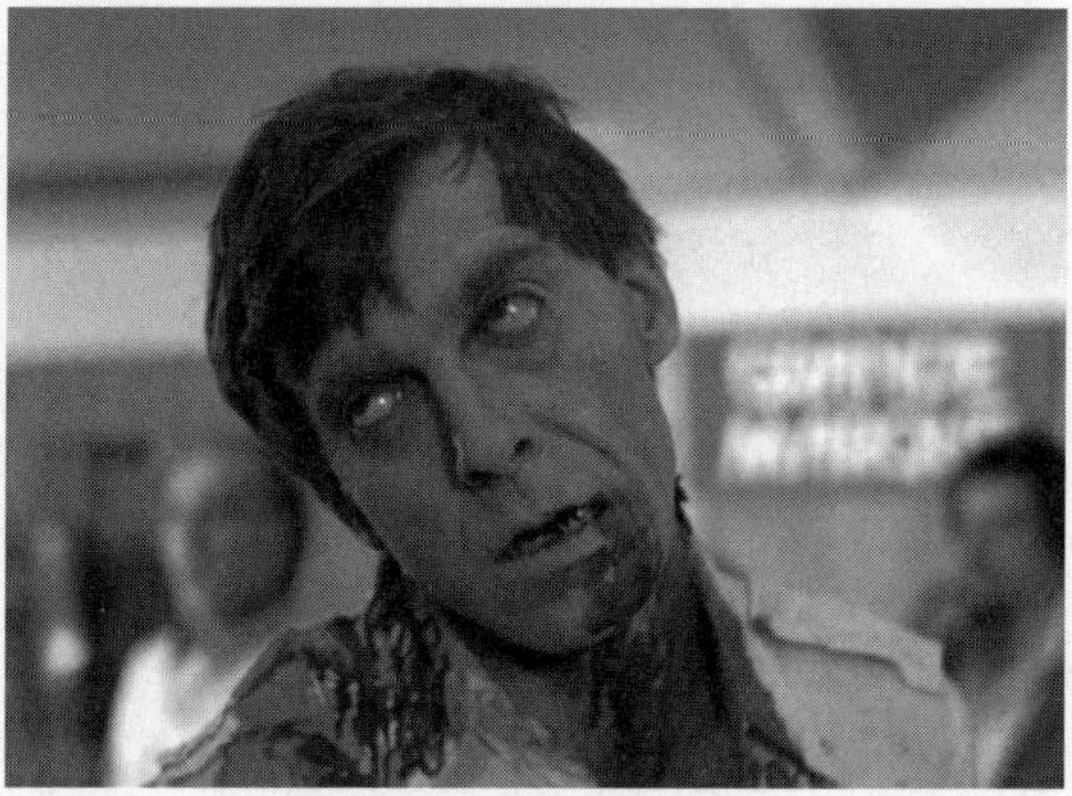

『ゾンビ』が公開された1978年にはH・ヘンダーソン『エントロピーの経済学』とO・E・クラップ『情報エントロピー』の二冊が刊行されているとわかる。水にインクを垂らしたら後はどんどん拡散していく、ないし部屋をほったらかしてたら散らかっていくばかり等々卑近な例で説明されることの多い「熱力学第二法則」通称「エントロピーの法則」がいよいよ経済学や情報理論に適用され始めたカオスな70年代末《すえ》であった。ようするにエントロピーとはゾンビ拡散の理論的説明なのである。掻い摘んで言うと、エントロピーとは秩序ある宇宙が無秩序状態に移行していく傾向であり、最終的にエネルギーは均《なら》されてすべてが均一で差異のない熱死状態に陥る、という大変怖い理論である。この熱力学がニュートン力学の調和のとれた宇宙観《コスモス》に風穴を開けた。ニュートン力学的な磁力と重力は作用と反作用の不変法則からなるので未来は過去に類似していくという円環的歴史観を持つに到るが、熱力学的には未来とは単に無秩序の増大であり、秩序ある「個」が解体されて涅槃《ニルヴァーナ》へと向かうタナトス的原理である。「歴史」は殆どポストモダン的様相を呈する。さらに風呂敷を広げれば（?）、ニュートン力学から熱力学へという科学的パラダイム・シフトは、マルクス主義的に言えば19世紀産業革命により「熱《ヒート》」がキーワードになった時代に起きた資本家（吸血鬼）から労働者（ゾンビ）への価値的移行とパラレルである（ロメロは吸血鬼映画『マーティン』（77）の直後に『ゾンビ』を撮影した）。「歴史」が主役とも言える吸血鬼作品（例えば『ポーの一族』は吸血鬼の誕生・一族の歴史に主眼が置かれる）と違い、ゾンビ作品では「なぜゾンビが発生したのか」という起源の歴史は殆どどうでもよい扱いで、肝心なのはゾンビ・アポカリプスが起きた後の熱力学的な無秩序の増大という結果のみである（ロメロが『ナイト・オブ・ザ・リビングデッド』

でゾンビ発生の原因を入れろと配給に命じられて取ってつけたことがその証拠だ)。鬼才ユージェニオ・ドナートが「博物室の炉」にゾンビ熱力学モデルを決定づける一文を残している。曰く「熱力学は滅亡、凋落、腐敗のメタファー群に基礎を置く歴史観念をもちこんでくる」(高山宏訳)。やはりゾンビはエントロピーの怪物なのだ。ここまで僕の牽強付会に付き合わされたとお感じの向きには、映画『ワールド・ウォーZ』(13)というゾンビ映画にミューズが提供した楽曲が「ザ・セカンド・ロー～熱力学第二法則」であるという事実を突きつければ充分であろう。

ここで疑問が生じる。こうした「ゾンビ熱力学」の皮肉な顛末を描くのであれば、なぜピーターとフランは生き残る必要があったのか? W・サイファー『自我の喪失』第四章の「実存とエントロピー」が答えになりそうだ。19世紀ロマン派による「個」と自由主義の発揚が二〇世紀の全体画一主義によって均され「特性のない男」(ムージル)が量産され、あまつさえ消費主義がそこに天井されてゾンビ化(自我の喪失)するエントロピー的悪夢のなか、熱血漢サイファーは敢えて「自我の残滓」を掬い上げてヒューマニズムを再考した。『ゾンビ』は音楽の皮肉な使い方もあって諷刺のモードであることは確かだが、そればかりではないと僕は思っている。本来ピーターは銃で自殺し、フランはヘリのプロペラで首を切り落とされるラストが想定されていたのを、敢えて皮肉屋ロメロが書き直したことの意味を、サイファー前掲書と共にこの未だ続くコロナ禍にこそ熟考すべきである。死が蔓延する時代に死にコミットすることほど安易な思想はない。

『ゾンビ ディレクターズカット版 <HD リマスター版>』
Blu-ray 好評発売中
価格 4,700 円(税抜)
発売元 『ゾンビ』BD 発売委員会
販売元 株式会社ハピネット・メディアマーケティング

ゴブリンによる音楽がアルジェント版『ゾンビ』に与えたもの

てらさわホーク

　さて今夜はひとつゾンビ行きますか！　というときに、決まってブルーレイ・ボックスから取り出すバージョンといえば、異論反論は承知のうえで言わせていただくと、それは間違いなくダリオ・アルジェント版である。

　はじめての『ゾンビ』はテレビで観た。1982年の再放送だったはずだ。開巻早々やたらとおどろおどろしく不吉な音楽が鳴り響いていた。自分は当時小学2年か3年生で、どういうわけかその日は両親の帰りが遅い日だった。普段であればそんなもの見てないで早く寝なさいと言われるのだが、中盤までは誰の邪魔もなく映画を観ていた……という

か、観ざるをえない状況に追い込まれていた。小さな画面に映る物ごとはいちいち異常に恐ろしかった。小学生の自分としてみれば早くテレビを消したいのだが、そのあまりの気持ちの悪さに、このさい画面に近づくことさえできなかったのだ。

　この怖い怖い映画を、結局その日は最後まで観られなかったと記憶している。途中で親が帰ってきて、何を観てるのアンタはと叱られたときには、いっそ安堵したことだ。画面のなかではそれほどに異様な、子どもの処理能力を完全に超えたあれやこれやが展開していた。またそういう移ろいに、いちいち何だかドジャーン！　という死ぬほど怖い音楽が載っていた。その異常に恐ろしい音楽を手掛けたのがイタリアのゴブリンなるバンドであるということはずいぶん後になって知った。個人的な話がずいぶん長くなって恐縮だが、『ゾンビ』といえばアルジェント版……と思わざるをえない背景には、こうして幼少期に出くわした、あまりに強烈な体験による刷り込みがあるのだと思う。

　それからしばらく時間が経ち、ビデオレンタルが盛り上がった1985年。CICビクターからとうとうリリースされた『ゾンビ』はロメロ版で、しばらくはこちらばかり観ていた（ほかに選択肢もなかった）。これはかつて途中まで観た『ゾンビ』とはずいぶん印象が違った。あのときのコッテリとおどろおどろしい映画よりもずいぶん乾いて、地上で起きている未曾有の事態を監督ロメロがずいぶん冷静に見下ろしているような感触さえ覚えたものだ。ロメロ版はロメロ版で幾度となくレンタルして、毎回息を呑んで観た。しかし初見のあのときに覚えたような、吐きそうになるほどの気色悪さは失われていたように思う。はっきり言えば、そこには違和感があった。ロメロ版が湛えている、ある種の冷たいトーンは監督自身が本来意図したものである、と知ったのもやはりもう少し後のことなのだが、にしてもこの差は何なのだろう。それを長らく考えていた。後にアルジェント版もＤＶＤなりで手に入るようになり、ふたつのバージョンを比較検討できる環境が整った。並べて観てみれば、ロメロ版とアルジェント版に、そこまで大きな画面上の差異は存在しない。上映時間もそう変わらない。もちろん、細かい編集の違いがこちらの受ける印象を大きく左右している部分はある。だがそれにしてもふたつのバージョンはいずれも『ゾンビ』という映画であって、北極と南極ほどに異なるものではない。とすればなぜ（本来オリジナルである）ロメロ版に、あれほどの違和感を覚えたのか。

　それはやはり、ゴブリンによる音楽の扱いの差ではないかと思う。しばしば異常にハイテンションで鳴り響き、時にはあまりにセンチメンタルな名曲の数々が、アルジェント版『ゾンビ』を彩っている。前者はやたらと格好いいアクション映画としての、また後者は妙に痛々しい、ある種の青春映画としての性格を、映画に与えていると思うのだ。これは全米のショッピング・モールで実際に流れていたような音楽素材を駆使することで、現代社会へのシャープな風刺を行ってみせたロメロ版からは得られない味わいだと思う。

　『ゾンビ』の登場人物たちの年齢について詳しい情報は目にした記憶がないが、主演４人の実年齢が各役柄とそう遠くないと仮定すれば、劇中に描かれた時点でみな30前後だ。まだ若い。ピーターの貫禄、フライボーイの老け顔などから、あの人たちはもっと大人だとばかり思い込んでいた。子どもの時分にはじめて観たせいもあるだろう。あの頃は誰でも凄く立派な大人に見えた。78年の時点で30ちょっとと仮定すれば、ロジャーやピーターなどはベトナムに行って、それぞれに地獄を見ていたかもしれない。だからこそ緊急事態にあっても身体が動き、冷静な判断が下せるのではないか。そんなことを夢想する（日本語吹替では、もともと戦地で互いを見知っていたふたりが「プエルトリコ人のアパート」で再会したことになっていた。吹替版で勝手に加えられた設定とはいえ、これはなかなか説得力があったと思う）。

さて何の話だっただろうか。そうそう、『ゾンビ』の主人公4人が実はけっこう若い、という話だ。アルジェント版にあってロメロ版にないもの。それはこの人たちの青春物語、としての側面ではないか。ふたつのバージョンで描かれているものはほぼ同じでありながら、アルジェント版にはどうも失われた青春を切り取ったような、何か非常に痛切なムードがあることだ。

そんな雰囲気を作ることに寄与しているのは、言うまでもなくゴブリンのサウンドトラックだ。彼らの楽曲の数々が、アルジェント『ゾンビ』の物語にやたらと濃厚なドラマを加えている。ロメロ版とアルジェント版、その違いはそれぞれの映画が始まるなり、いきなり明確になる。大混乱に陥ったテレビ局の喧騒が聞こえてくるロメロ版に対して、アルジェント版はゴブリンの名曲「ゾンビ：メインテーマ L'alba Dei Morti Viventi」をドバーンと鳴らしてくる。その響きはあまりに大仰だが、考えてみれば人類が滅びに向かっているところなわけで、これぐらいが丁度いいのだ。そして「プエルトリコ人のアパート」で延々流れ続ける「ゾンビ Zombi」。ドラムとベースの速く単調なリズムの繰り返しに、不吉なコーラスというかチャントが載ってくる。画面上ではどうしようもない地獄絵図が展開しているのだが、観ているこちらも気の狂ったウーリーと一緒になって無闇にテンションが上がってしまう。またはピーターやロジャーがモールに溢れるゾンビたちを手際よく片付けていく場面に流れる「追跡 La Caccia」も思い出したい。明るく調子がいいこの曲、週末の昼下がりに部屋を掃除するときなどによく聴くけれども、毎度おかげでずいぶん捗ることだ（この曲ばかりはロメロ版でも流れているものの、前後にゴブリン製の曲がかからないせいで、若干浮いた印象さえ受けてしまう）。

極めつけは「忘却 Oblio」の、泣きのギターである。ショッピング・モールで無為な日々を過ごす4人のモンタージュに被せられたこの曲。虚しさとか寂しさといった感情が止まらなくなる。ロメロ版の同じ場面では、どちらかといえばそこまで賢くもない人間たちが、誰もいなくなったモールで欲しいものをすべて手に入れて、それでも満たされない……といった状況がドライに描かれていた。だがアルジェント版は主人公たち4人にもっと近づいて、寄り添っているようにも見えるのだ。当該シーンに関して言えば、違いは音楽だけだ。アルジェント版において、ゴブリンのサウンドトラックが果たした役割はそれほどに大きい。アルジェントは音楽にストーリーを語らせている、といっていいと思う。これは80年代半ばに入って全開になった、いわゆる「MTV演出」の元祖といってもいいのではないか。ゴブリンの楽曲を大々的にフィーチャーしたことで、アルジェント版は何より異常にテンションが高く、また異常に格好いい映画になった。ついついこのバージョンばかりを観てしまうのはそのせいだ。そして今日もドデカイ音でアルジェント『ゾンビ』を観て、四方八方から叱られるのである。

ドラゴンと戦い続けるために——『ナイトライダーズ』は走り続ける

高橋ヨシキ

Knightriders（1981）
監督・脚本　ジョージ・A・ロメロ
製作　リチャード・P・ルビンスタイン
製作総指揮　サラ・M・ハッサネン
撮影　マイケル・ゴーニック
編集　パスクァーレ・ブーバ、ジョージ・A・ロメロ
出演　エド・ハリス、ゲイリー・ラーチ、トム・サヴィーニ、エイミー・インガーソル

『ナイトライダーズ』（81）は中世の馬上槍試合のように観客の心を貫く映画だ。フィクションの世界で馬上槍試合といえばウォルター・スコットの小説『アイヴァンホー』にとどめを刺すが、ロメロ自身「『アイヴァンホー』のような作品を作るためなら何でもする。『ナイトライダーズ』はコーネル・ワイルドやロバート・テイラーが活躍する映画群から着想したものだ」と語っている。ロバート・テイラーが1952年に主演した『黒騎士』はまさに『アイヴァンホー』の映画化だった。

『ナイトライダーズ』は「ロメロ映画の中で最もパーソナルな作品」と称されることもあるが（トニー・ウィリアムズ『The Cinema of George A. Romero』03）、これは一面の真実であると同時に誤解を招く表現でもあると筆者は考える。ホラー映画のファンタジー性と『ナイトライダーズ』のファンタジー性、あるいは両者における社会的メッセージの表出の仕方に決定的な違いがあるとは言い難いからだ。ただ一方で、それこそ「（ロメロが考案した）ゾンビ事態」ほど突出してファンタジックな設定が投入されていないがゆえに、『ナイトライダーズ』に一種のニューシネマ的なリアリティを感じてしまうのも無理からぬ話である。

『ナイトライダーズ』はまた、しばしばその内容が

「青臭い《ナイーブ》」という批判の対象にもなってきた。「堕落した商業主義に対するありきたりな批判」であり「はなからうまくいく可能性などなかったカウンターカルチャーの敗北に関する哀歌」に過ぎない（ロビン・ウッド／映画評論家／86）、というのである。だがいみじくも主人公ビリーが言うように「理想のために人間は戦うべき」であり、「たとえ自分が死んでも理想は生き続ける」のだとするならば、「堕落しきった商業主義」を批判し、カウンターカルチャー的な理想を掲げ続けることはむしろ人としての責務ではないだろうか？

「俺は英雄になりたいんじゃない、ドラゴンと戦っているんだ！」。

戦い続けることは常に重要だ。（遅れて来た）ニューシネマの香り漂う『ナイトライダーズ』が、それにもかかわらず主人公の死で幕切れとならないのはそのためだ。残された〈ナイトライダーズ〉は無数のドラゴンが待ち受ける道をそれでも進み続けるしかない。

ロメロは本作の構想を「クリエイティヴ・アナクロニズム協会」の催しから得た。同種の催しは現在、全米で「ルネサンス・フェア」の名称で親しまれている（「アナクロニズム協会のそれは非営利なところが一般の「ルネサンス・フェア」とは異なるが）。

屋台、音楽、パフォーミング・アート、馬上槍試合などが渾然一体となった「ルネサンス・フェア」では、演者や売り子のみならず、観客の多くも中世風の装いを身にまとい、さながらバイク抜きの『ナイトライダーズ』の世界が展開される。アメリカではこの手の没入型イベントが盛んで、『マッドマックス』の世界を砂漠に現出させる「ウェイストランド・ウィークエンド」も有名だ。筆者は2019年秋にニューヨーク州タキシード・パークで開催された「ルネサンス・フェア」に足を踏み入れる機会を得たが、目前に広がっていたのはまさに拡張され商業化された『ナイトライダーズ』的ワンダーランドであった。現在「ルネサンス・フェア」はアメリカのみならずオーストラリアやドイツでも開催されているというが、「中世」を経験していないアメリカという国に現出した幻想の歴史を前に、ビリーそしてロメロの「青臭い」理想論の必然性が少なからず理解できたような気持ちになった。時空の断絶がいかなるものであれ、現実というドラゴンと戦うための「理想《ファンタジー》」は常に必要なのだと。

ロメロとキングのECコミック偏愛――『クリープショー』

森本在臣

Creepshow（1982）
監督　ジョージ・A・ロメロ
製作　リチャード・P・ルビンスタイン
製作総指揮　サラ・M・ハッサネン
脚本　スティーヴン・キング
撮影　マイケル・ゴーニック
編集　パスクァーレ・ブーバ、ジョージ・A・ロメロ、ポール・ハーシュ、マイケル・スポーラン
特殊メイク　トム・サヴィーニ
出演　エド・ハリス、ヴィヴェカ・リンドフォース　スティーヴン・キング、レスリー・ニールセン

スティーヴン・キングの『呪われた町』をロメロが監督して映画化するという話があり、結局実現しなかったもの の、それを機に意気投合した二人。ある日キング宅へ赴き、共に映画を製作しないかと持ちかけたロメロは、おそらく当初は『ザ・スタンド』の映画化を考えていたのだろう。しかし、二人で雑談していく中で盛り上がったのは、自分たちが少年時代に夢中になったホラーコミック〈ECコミック〉に関する話題だった。

ECは50年代のアメリカで空前のホラーコミック・ムーヴメントを起こした、ホラーコミック誌の総本山である。青少年に有害であるという理由からバッシングされ衰退するまでの間、ロメロやキングだけでなく、後のホラー映画監督の多くにも影響を与えている。

必然的に、二人の間ではそのECをコンセプトにした映画を作ることで計画は固まり、満を持して登場したのがこの『クリープショー』である。

本作は5話のオムニバス形式のホラーであり、ECの特徴でもある勧善懲悪のストーリーを組み込み、少年がコミックを読む形式に合わせて、アニメーションと実写を組み合わせた展開で進行していくという画期的なECオマージュであった。しかし、過激なスラッシャー、スプラッター映画が全盛な中で公開された、古き良きホラーコミックへのパスティーシュである『クリープショー』の興行成績は、思ったよりも振るわなかったのである。これは当時のホラー映画の観客の中で主力となっていた若い層には、50年代ホラーコミックのテイストが受け入れられにくかったという背景を物語っている。赤字ではないものの、公開時は中ヒットぐらいにとどまった『クリープショー』ではあるが、作品としての質は高く、現在に至るまで根強く支持されており、人気は衰えていない。

各エピソードを紹介すると、まずは1話目「父の日」。初っ端からEC節全開で、娘に殺された傲慢な父親が復活する因果応報ものであるが、ラストのカットのインパクトが素晴らしい。続く2話目「草まみれの男（ジョディ・ベリルの孤独な死）」は少しラヴクラフトの香りも感じさせるテイストながら、スティーヴン・キング自らが熱演しており、異色な怪奇SFとして仕上がっている。

再び50年代ホラーコミックにありそうな、ストレートな復讐劇を描く3話目「引き潮（押し寄せる波）」。本作におけるレスリー・ニールセンの演技も流石だ。4話目の「開封厳禁（箱）」も悪妻を始末しようとする教授の話で、いかにもECホラーにありそうな筋書きであるが、2話目と同じく、もともとキングが書いていた短編を元にしているので、書き下ろしではない。木箱の中のミステリアスな存在をうまく描いており、モダンホラーとしても秀逸である。そして最後を飾る「クリープショー（奴らは群がり寄ってくる）」はもはや伝説的な視覚的ショッキングホラーの名作であり、CGも無かったこの時代だからこそ「ホンモノ」を大量投入。この時点ですでにベテランの名優であったE・G・マーシャルの、体当たりにも程がある演技は必見である。また、劇中に飲酒シーンがやけに多く登場する。これは当時のキングがアルコール依存であったことが原因だと推測されるが、この飲酒シーンこそ、クリープショーという作品の雰囲気を醸し出している重要なファクターである気がしてならない。

87年には続編の『クリープショー2』が作られるが、監督はロメロ・ファミリーのマイケル・ゴーニックへとバトンタッチ。ロメロは脚本を手がけている。こちらも一作目のテイストはそのままに、しっかりと『クリープショー』の世界を描いている佳作で、人気は高い。06年の『クリープショー3』はキングもロメロも関わっていない凡作になってしまったが、19年のドラマ版『クリープショー』はシリーズとしての世界観をしっかりと描きつつ、現代的なスパイスも効いている良作で、新しい世代のファンを獲得することに成功している。

製作過程の紆余曲折が生んだポリティカルな寓話 ――『死霊のえじき』

恵木大（ヒロシニコフ）

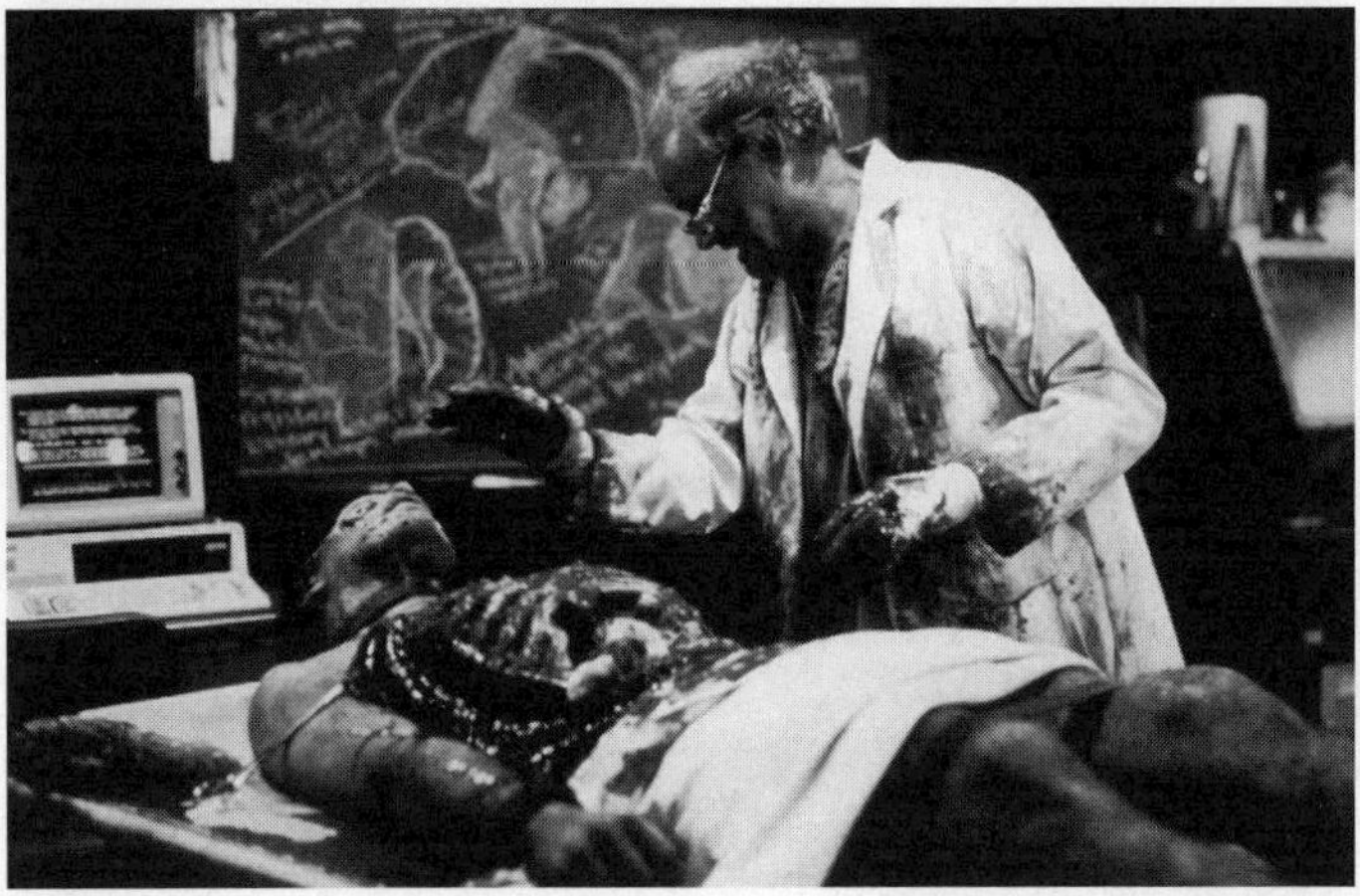

Day of the Dead（1985）
監督・脚本　ジョージ・A・ロメロ
製作　リチャード・P・ルビンスタイン
製作総指揮　サラ・M・ハッサネン
撮影　マイケル・ゴーニック
編集　パスカル・ブーバ
特殊メイク　トム・サヴィーニ
出演　ロリ・カーディル、テリー・アレクサンダー、ジョセフ・ピラトー、リチャード・リバティー、ハワード・シャーマン

陽光の降り注ぐ地上を、死者の大群が我が物顔で闊歩している。一方、人間は暗く湿った地下倉庫での生活を余儀なくされる。地上を埋め尽くすゾンビに対し、人間の数はわずか12人。この絶望的な状況下で、科学者のサラたちは地下世界でいがみ合いながら生を紡ぐしかない。「楽園への脱出」という一縷の希望を夢想しながら……。

ロメロの「リビングデッド・サーガ」において『死霊のえじき』（85）は最も陰惨で閉塞的な作品だ。『ナイト・オブ・ザ・リビングデッド』（68）のようなスリリングな攻防や『ゾンビ』（78）で見られたアクションはここにはない。あるものは、一刻も早く外で深呼吸したくなるような澱んだ空気と、過剰な残酷描写だ。だが、『死霊のえじき』が他の作品に比べて劣るかというと、決してそうではない。むしろ製作過程で紆余曲折を経たことにより類稀なる深化を果たした、奇跡の映画である。

地上は死者に支配された。南米ゲリラのサラは仲間と共に、ゾンビのいない楽園を追い求め、無人島を発見する。

しかし、その島はガスパリラと名乗る権力者が私設軍を率いて支配する要塞であった。サラが目にしたものは、ゾンビを兵士として従える軍部による強権的な統治と、下層階級と位置付けられた人々が理不尽な死を迎える地獄の光景だった。ガスパリラに反旗を翻す反乱軍に救われたサラは、彼らと行動を共にすることで、ガスパリラ政権の内部でうごめく陰謀、そして反乱軍による革命の渦へと巻き込まれてゆく……。

これは『死霊のえじき』のオリジナル脚本に書かれたストーリーだ。ゾンビ版『地獄の黙示録』(79)あるいは『群盗荒野を裂く』(66)と言える(ロメロ曰く『レイダース失われたアーク』(81)!)このスケールの大きな恐怖活劇は、世に放たれた『死霊のえじき』と大きく異なっている。当初ロメロが書き上げたこの脚本では、映像化に当たり1000万ドル以上の予算が必要とされた。製作会社のユナイテッド・フィルムは難色を示し改稿を要求。ロメロは脚本の修正を行うも、ユナイテッド・フィルムは残酷性の高さから興行に対しての懸念をぬぐえず「R指定相当にまで残酷描写を削れば750万ドルの予算を与える。自由に作るなら350万ドルだ」と条件を提示した。ロメロは後者を選択した。そして、当初200ページ以上あった脚本は改稿に次ぐ改稿を経て88ページにまで圧縮され、いま我々の知る『死霊のえじき』の形となった。

なぜロメロは潤沢な予算を選択しなかったのだろうか? それは『死霊のえじき』において残酷描写が最重要なファクターであるからだ。ストーリーこそ大きく変化したが、オリジナル脚本から一貫しているものは「人間対人間」という構図だ。オリジナル脚本では、サラと反乱軍がガスパリラ軍と対峙し、映画では軍人と科学者たちが対立する。そして、どちらもクライマックスに血肉と臓物が吹き荒れる大残酷が用意されている(ロメロはオリジナル脚本に「いよいよですよ。スプラッター・ファンのみなさん! 胸の悪くなるようなフィナーレ!」とわざわざ記している)。ここで重要なのは、悲惨な死を迎えるのは、ゾンビではなく人間……さらに言え

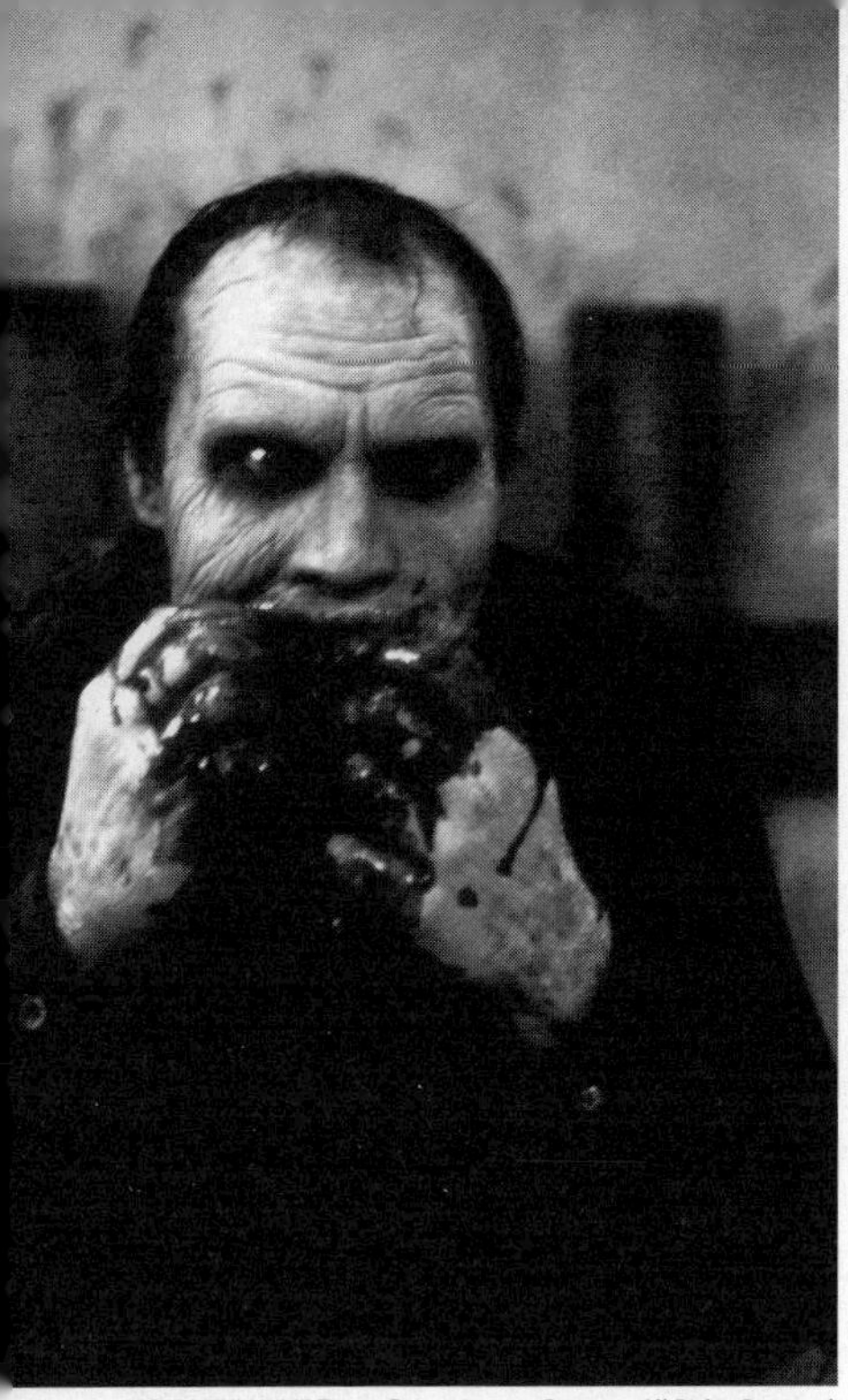

ば圧制者（オリジナル脚本ではガスパリラ軍、映画では軍人たち）なのだ。

絶望的な状況下でもマウンティングと諍いをやめられない。そんな圧制者の愚かさと醜さを丹念に描いた後に、残酷描写の大連続を用意してドス黒いカタルシスを爆発させる。この残酷描写の持つ意味合いは、『NOTLD』（68）『ゾンビ』（78）で描かれた「生ける死者の恐怖」から、「莫迦で邪悪な圧制者に対するカウンター」へと移り変わっている。その批判の目は一体誰に向けられたものだろうか。そう、ロメロがカウンターパンチを放ちたかった相手……莫迦で邪悪な圧制者……それはロナルド・レーガンだ。冷戦が続く中、レーガンは「強いアメリカへの回帰」を掲げ、福祉の支出を削減し、反ソ連強硬姿勢に基づいた軍事費の増大（戦略防衛構想＝SDI）を基に政治を行った。いつ終わるとも知れない冷戦への不安に晒されながら社会保障を削減される市民。従業員の解雇を進めて利を得ようとする大企業。そして福祉を吸い上げ、武力を増す軍部。『死霊のえじき』はまさにこの構図に基づいて作られている。「莫迦で邪悪な圧制者に対するカウンター」を最も可視化できる形で放つ。そのためには、生きながらにして首を引き抜かれ、臓物を撒き散らしながら下半身をもぎ取られる、過剰な残酷描写が必要不可欠だったのだ。それゆえ、ユナイテッド・フィルムが提示した条件に従い、残酷描写をオミットすることは決してできなかった。『死霊のえじき』の軸がヘシ折れてしまうからだ。

残酷描写を死守したことで、『死霊のえじき』はオリジナル脚本からスケールやアクション、ガジェットなど多くの娯楽性を削ぎ落としたソリッドな作品となった。これによりロメロが当初構想したビジョン（この場合はビジュア

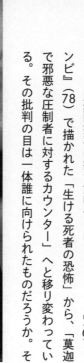

ル面に関してだ）は失われた。しかし、シンプル化されたことにより作品はさらなる深化を果たすことになる。舞台が地下世界のみとなり、登場する人間も12人と縮小されたことで「出口が見えぬほどに悪化してしまった社会情勢に対する不安」「立場が異なる者の分断」「善政を施す者の不在による混迷」というキーワードがさらに明確になり、映画はレーガン政権への批判のみならず、より幅広い普遍性を獲得するに至った。つまり、観る者の国籍や置かれている立場により、様々なアナロジーが可能な「ポリティカルな寓話」として機能する作品となったのだ。もちろん、額面通りにジャンル映画としても楽しめることは言うまでもない。ルイス・ブニュエル『皆殺しの天使』（62）と並べて語ることもできるし、異色の西部劇（危うい均衡を保っている2つの勢力のもとにガンマン＝バブが現れて血と硝煙が舞う！）と捉えて興奮することもできるだろう。削がれて、削がれて、研ぎ澄まされたことで重層的な味わいが生まれた。これこそが『死霊のえじき』が懐胎した奇跡なのだ。

　ロメロは終末世界のビジョンを提示すると同時に、最後には薄明りのような希望を残している。『ゾンビ』（78）では絶望的な状況下でも生きることを選択した人々の姿を描き、『ランド・オブ・ザ・デッド』（06）では腐敗した体制からの脱却を、『サバイバル・オブ・ザ・デッド』（09）ではゾンビとの共存の可能性＝平等な世界の到来を暗示し、幕を下ろしている。『死霊のえじき』も同様に、サラ達がゾンビのいない楽園で暮らす――それでも終末世界は続いてゆく――シーンで結ばれる。極めて残念なことだが、現代日本もまた『死霊のえじき』の構図が当てはまる。社会の情勢は悪化の一途を辿り、善政が行われることはなく、圧制者が巧妙に（時に露骨に）市民から搾取し私利私欲を満たしている。いつの日か『死霊のえじき』がポリティカルな寓話としての機能を喪失するような、全くの絵空事として楽しめる社会を実現させることができたならば、其処こそがサラ達が目指し、辿り着いた楽園なのかもしれない。

『死霊のえじき』
HD ニューマスター・スペシャルエディション
Blu-ray 発売中：7,480円（税込）
発売元：是空／ポニーキャニオン
販売元：ポニーキャニオン

異常心理の世界に挑む――『モンキー・シャイン』

山崎圭司

Monkey Shines（1988）
監督・脚本　ジョージ・A・ロメロ
製作　チャールズ・エヴァンス
製作総指揮　ピーター・グルンウォルド、ジェラルド・パオネサ
撮影　ジェームズ・A・コントナー
編集　パスカル・ブーバ
特殊メイク　トム・サヴィーニ
原作　マイケル・スチュワート
出演　ジェイソン・ベギー、ジョン・パンコウ、ケイト・マクニール、ジョイス・ヴァン・パタン

早朝ランニング中に事故に遭った法学生のアラン（ジェイソン・ベギー）は、脊髄を激しく損傷。半身不随の車椅子生活となる。一時は絶望から自殺を図った彼に、親友の生物学者ジェフリー（ジョン・パンコウ）は、身の回りの世話役にと自分が実験に使っているオマキザルのエラを贈る。人間並みの知能を備えたエラはアランに献身的に尽くすが、両者の思考は次第に深く感応。エラはアランの憎悪の代行者となり、殺意を抱いた相手に音もなく忍び寄る。診療ミスを犯した医者（スタンリー・トゥッチ）にアランを捨てた元恋人、過干渉な母親。やがて、不思議なテレパシーで結ばれたアランにもエラの獣性が伝染して……。

『死霊のえじき』（85）でゾンビ三部作を完結させたロメロは、テレビ業界で安定した利益を追求する古巣の製作会社ローレルと決別。新機軸としてこの異色スリラーを選んだ。原作は英人小説家マイケル・スチュワートの「白昼夢」（83年出版・文庫版は『モンキー・シャイン』に改題）。女装コメディ『トッツィー』（82）で成功を収めた製作者、チャールズ・エヴァンスが85年に小説の映画化権を獲得。製作総指揮を務めるジェラルド・パオネッサがロメロのダークなユーモア感覚を推し、監督・脚本を一任して企画がスタートした。

原作を読んだロメロは、人と獣の交感が導き出す底知れぬ欲望、本能と直結した原罪に興味を抱き、これを「ジキルとハイド」の物語に見立てて、善悪に分裂した心理の制御不能な暴走を強調。続く『ダーク・ハーフ』(93)と『URAMI～怨み～』(00)でも同じ主題を探求し、本作を含めてドッペルゲンガー三部作と称される作品群を作り上げた。定番のゾンビ映画から距離を置いた90年代のロメロが、異常心理の古典を現代に翻訳する作業に没頭したことは興味深い。

また、本作は大手スタジオのオライオン・ピクチャーズが舵を取り、ハリウッド嫌いの反骨漢ロメロの初メジャー作品となった。かつて『クリープショー』(82)が大手映画会社ワーナーにより全米配給されているが、製作からメジャーが入るのはこれが初めて。予算も『クリープショー』の8百万ドルに次ぐ、7百万ドル(約7億7千万円)を投入。監督としても重要な節目となった1本である。

しかし、そのせいでロメロは多くの苦渋を舐めることになった。原作を書き起こした脚本は240ページ以上(!)あり、枝葉を中心に半分近くのエピソードを削除。動物相手の撮影は苦労続きで大量のフィルムが無駄に。編集段階でオライオン・ピクチャーズの業績が悪化し、確実なヒット作を求める作品への激しい干渉が終始ロメロを悩ませた。

ロメロの意思に反して結末は明確なハッピーエンドに改変され、血まみれ特殊効果の天才トム・サヴィーニが腕を振るう脳手術シーン(サルの実験用溶液を抜かれる女性患者が頭蓋骨を開かれ、同じ悪夢が主人公を苛む)など、エグい見せ場がバッサリとカットされた。

それでも若手キャストたちと介護サルは好演を見せ、『クルージング』(79)のジェームズ・A・コントナーのシックな色調の撮影、『サブウェイ・パニック』(74)のデヴィッド・シャイアが奏でる原始の鼓動を思わす音楽と、仕上がりは上々。ジワジワと不穏とサスペンスを高めてゆくロメロの正攻法演出も手堅く、動物愛護団体が憤死しそうなエラとの流血の死闘(注:すべてサヴィーニの特撮です)も見応えがあった。

米国公開はトム・クルーズの主演作『カクテル』(88)と重なり、興収530万ドルと惨敗。ロメロは次回作『ペット・セメタリー』を断念し、イタリアンホラーの帝王ダリオ・アルジェントと競作した『マスターズ・オブ・ホラー／悪夢の狂宴』(90)に登板する。

ロメロのアンビバレンツを内包した映画『ダーク・ハーフ』

麓 隆次

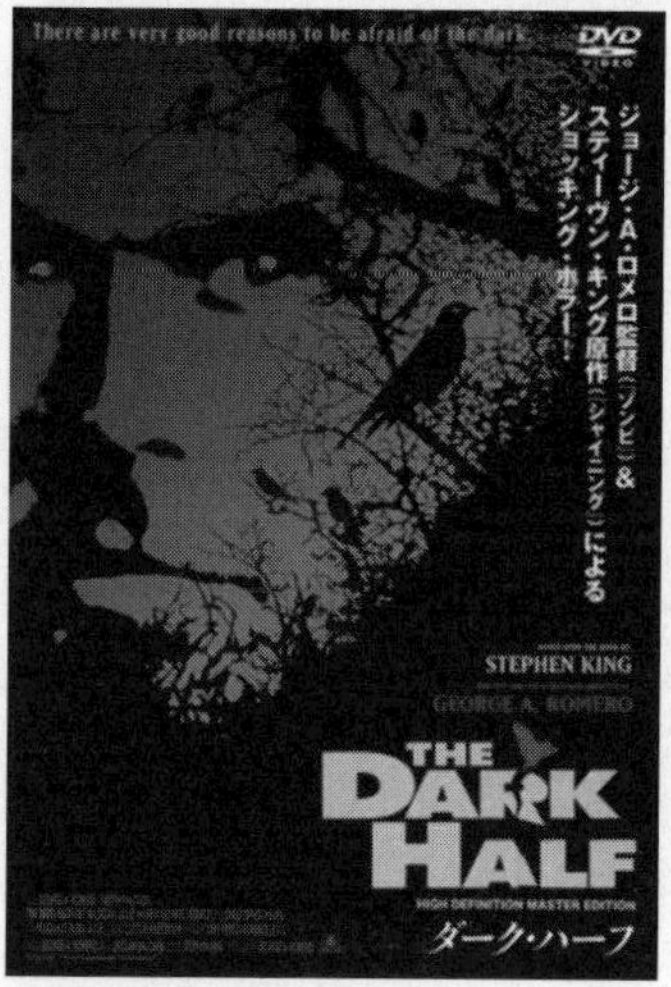

The Dark Half（1993）
監督・脚本・製作総指揮　ジョージ・A・ロメロ
製作　デクラン・ボールドウィン
原作　スティーヴン・キング
撮影　トニー・ピアース＝ロバーツ
編集　パスカル・ブーバ
出演　ティモシー・ハットン、エイミー・マディガン、マイケル・ルーカー、ジュリー・ハリス

自らの邪悪な分身が襲い掛かってくる。映画『ダーク・ハーフ』は、ホラー小説の帝王スティーヴン・キングの同名小説を原作に、ロメロが監督・脚本・製作総指揮を担当し、93年に公開されたホラー映画作品だ。

売れない文芸作家サッド・ボーモント（ティモシー・ハットン）は、生活の為にジョージ・スタークというペンネームでバイオレンス小説を執筆し、人気を得ていた。しかしあることをきっかけにそのペンネームを封印し、バイオレンス小説の執筆を止めてしまう。その日からサッドの関係者らが次々と惨殺され始めるのだ。しかもそこにサッド本人の指紋を残して。サッドはそこで疑い始める。犯人は自らが封印したジョージ・スタークではないかと。

物語は原作者のキング自身がかつてリチャード・バックマンというペンネームでバイオレンス色の強いホラー小説を書いていたことに基づいている。しかしキングは別名執筆を暴かれ、このペンネームを捨てることになった。

ロメロとキングとの交流はキングの小説『呪われた町』のTVドラマ化企画でロメロが監督候補に挙げられた頃に遡る。結局トビー・フーパーに委任されることになったが、ロメロとキングは意気投合し、『クリープショー』(82)、そしてこの『ダーク・ハーフ』を完成させることとなる。

映画ではサッドの関係者が次々と残虐な方法で屠られる様がサスペンスフルに描かれる一方で、一種異様な超自然現象が巻き起こる。物語の合間合間に空一面を黒く塗りつぶすかのような大量の雀が飛び交い、不吉なさえずりと羽音を鳴り響かせるのだ。この雀の群れはいったい何なのか？　サッドとジョージとの関係にどう関りがあるのか？　撮影のために４５００羽の雀が集められ、見事な調教により物語の不気味さを引き立ててゆく。

本作の物語展開は非常に原作に忠実で、演出は手堅く過不足がない。セットや配役には非常に細やかなリアリティを感じられる。細部へのロメロの拘りが徹底している結果だろうし、この細やかさが、『ゾンビ』（78）という完全無欠のホラー映画を生み出した元なのだろう。しかしこの忠実さは、むしろ原作に隷属しているかのようにも感じさせる。丁寧ではあるが、地味なのだ。『バイオハザード』（02）の監督を下ろされた時も、ゲームのストーリーを忠実になぞった脚本ではあったが、その膨らみの無さから却下されたのだという。

本作を観ると、ロメロは頑固な人だったのだな、と感じる。ハリウッド的な外連味が彼には欠けていたのだ。その頑固さは、メインカルチャーを嫌う、いわゆるカウンターカルチャー世代のものなのだろう。だからこそ彼はホラーというアナーキーな表現ジャンルを選んだのだ。しかし逆にその政治的アイデンティティを容易に転向させせることができない頑固さが、『ゾンビ』以降のキャリア的不遇を生んだのではないか。

『ダーク・ハーフ』の基本テーマとなるのはスティーヴンソン作『ジキル博士とハイド氏』の如き「一人の人間の中にある相反する正と邪の二面性」、そしてE・A・ポーによる怪奇譚『ウィリアム・ウィルソン』の如き「ドッペルゲンガーの物語」だ。これらのテーマに底流するのはアンビバレンツを抱えながら生きる近代的自我の危機であり、それによる自己疎外と精神的分裂だ。

本作と同時期の『モンキー・シャイン』（88）、続く『URAMI～怨み～』（00）は、いずれも分裂した自我、乖離した意識と無意識の相克を描く物語である。この時期、ロメロはゾンビ映画を離れ様々な企画に挑戦しながらも、身に馴染んだインディペンデント映画の製作法とは異なる効率重視のハリウッド式製作法に苦戦していたという。『ナイトライダーズ』（81）のような文芸的な映画が受け入れられず、ホラー映画ばかりを要求されてもいた。そういったアンビバレンツが、『ダーク・ハーフ』の中にも色濃く反映されていたのではないだろうか。

「お呼びとあれば！」メジャーに牙剥く、ロメロの頑固な恨み節――『URAMI ～怨み～』

氏家譲寿（ナマニク）

Bruiser（2000）
監督・脚本　ジョージ・A・ロメロ
製作　ベン・バレンホルツ、ピーター・グルンウォルド
製作総指揮　アレン・ショア
撮影　アダム・スウィカ
出演　ジェイソン・フレミング、ピーター・ストーメア、レスリー・ホープ、ニーナ・ガービラス

雑誌『BRUISER』の編集者ヘンリー。彼の人生は一見幸せなエリート層だが、実生活は惨めだ。編集長から日々罵声を浴びせられ、同僚には資産を盗まれ、妻からはATM扱い。挙句の果てに彼女はヘンリーの上司と浮気中。マイホームも浪費家の妻のせいで、資金不足となり内装工事段階で頓挫。おまけに飼い犬からも嫌われている。ヘンリー自身は良い人間で、真面目に生きてきたのにどうしてこんな仕打ちを受けねばならぬのか。意気消沈、八方塞がり。唯一の救いは妻の浮気相手の妻、ロージーとの間に生まれた奇妙な友情だ。彼はロージーから贈られた真っ白い仮面を見て思う。

「自分は無意味な存在で、顔のない人間ではないのか？」

すると顔に仮面が張り付いてしまった。

顔を失い、何者でもない無人格な存在となったヘンリー。彼はその匿名性を活かし、自分を虐げた人々に復讐を開始する。

『URAMI ～怨み～』（00）の主人公ヘンリーは、ジョージ・A・ロメロ自身だと思われることが多いと聞く。当時のストレスフルな監督人生を見るにつけ、そう思ってしまうのは当然だろう。

ピッツバーグで淡々とインディーズ映画を撮り続けたロメロ。『モンキーシャイン』（88）でようやくメジャースタジオ、オライオンと組み、潤沢な予算で映画制作に取りかかれると思った矢先、オライオンは経営難に。必ず儲かる作品にするよう指示され、脚本やスケジュールの強制変更の憂き目にあう。続く『ダーク・ハーフ』（93）は、オライオン倒産により、完成から2年間もお蔵入りすることに。メジャーでの成功を夢見て、大手と契約したものの、ことは思ったように運ばない。苦労の末残ったのは、作った映画に対する酷評——『ゾンビ』(78)を求め続けるロメロファンとロメロの作家性の乖離——とストレスだけ。まさに人生の難局。それが当時のロメロだった。

『URAMI ～怨み～』は傑作ではない。けれど、しっかり読み解こうとすれば、味わい深い映画だ。品行方正に生きているのに、巧くいかない、何者にもなれない人生の虚しさが大爆発している。といっても、暴力表現がリアリティラインを越えることがない。だがそれが本作の秀逸なところだ。「何者でもなくなった」という状況が「誰もができない」ことを可能にする。彼が普段妄想の中で何度も行っていた殺人を実行してゆく。翻して「誰でもないからできる」ことをやっているのだ。匿名性ゆえの暴走とも考えられる。ソーシャルメディアでのっぺらぼうアイコンを使って暴言を吐いている人がいるが、あんな感じだ。そして大抵の場合、匿名状態の方が本性だったりする。そう考えると白い仮面はヘンリーのアイデンティティ喪失ゆえの妄想とも取れるし、理解者ロージーから享受された〝本性〟とも言える。そしてこれまでの作品にみられた過剰な暴力表現を抑え、リアリティラインを守ったことにより、日常的に受ける暴力やストレス、そして人格の二面性について、深く考えさせられる作品になっているのである。さらに仮面で目を塞がれた困難な状況下でジェイソン・フレミングが口元だけでヘンリーの心情を表現する高度な演技、彼の上司役であるピーター・ストーメアの期待通りの悪役っぷり等、手堅いディレクションは、そこいらのボンクラ監督にはできない技だ。

最後、ヘンリーは尊大な態度を取る上司に「おい待てよ！こっちに来いって言っているだろ！」と呼び止められたとき、再び顔を失い「お呼びとあれば!!」と言ってのける。「なんでもやります。だけど、やるなら好きにやらせてもらうよ！」

〝メジャー〟に散々虐げられたロメロの魂の叫び。それが『URAMI ～怨み～』なのだ。

ロメロのゾンビが帰ってきた！――『ランド・オブ・ザ・デッド』

てらさわホーク

Land of the Dead（2005）
監督・脚本・　ジョージ・A・ロメロ
製作　マーク・キャントン、バーニー・ゴールドマン、ピーター・グルンウォルド
製作総指揮　スティーヴ・バーネット、デニス・E・ジョーンズ
撮影　ミロスラフ・バシャック
編集　マイケル・ドハティ
出演　サイモン・ベイカー、デニス・ホッパー、アーシア・アルジェント、ロバート・ジョイ、ジョン・レグイザモ

　『ナイト・オブ・ザ・リビング・デッド』（68）から37年、『死霊のえじき』（85）から20年。長い長い時を経てついにジョージ・A・ロメロその人が手がけた、「デッド」シリーズ第4部がこの『ランド・オブ・ザ・デッド』である。本作が公開された前年の2004年にはザック・スナイダー監督、ジェームズ・ガン脚本による『ゾンビ』（78）のリメイク『ドーン・オブ・ザ・デッド』があった。または02年にはダニー・ボイル監督の『28日後…』も話題を呼んだ。いずれの作品でもゾンビがもの凄いスピードで走り回り、長らく続いてきたジャンルにどうやら新しい潮流が生まれていた（後者に登場するのは厳密には「生ける死者」ではないのだが、まあ大括りでいえば間違いなくゾンビであった）。ある種ハイテンションが当たり前、となりつつある風潮のなかで本家本元ロメロが放った最新作は、しかし実に腰の据わった、大人の余裕さえ感じさせる映画に仕上がっていた。

　映画の舞台はおなじみピッツバーグ。物語は『NOTLD』から地続きで、世界はゾンビ禍によって概ね崩壊している。

だがそんな状況でも高層ビル「フィドラーズ・グリーン」とその城下町で生き延びた人々がいた。このちょっとした街を支配しているのは土地成金のカウフマン(デニス・ホッパー)。物語の主人公ライリー(サイモン・ベイカー)はその私兵として、ゾンビに支配された周辺地域から物資を拾い集める部隊を指揮している。同僚には半分ゴロツキのチョロ(ジョン・レグイザモ)らがいるが、世の中がこんなことになってしまっても、誰しも組織の歯車として働いている。『ゾンビ』や『えじき』でこれでもかと描かれた文明の崩壊。だがその後も結局人間たちは小さな社会を再構築して、そのケチくさいルールのなかで生きていかざるをえない。『NOTLD』の出来ごとからどれだけの月日が経ったか定かではないが、人びとはもはや世のなかこういうものだと割り切って、それぞれの役割を粛々とこなしているようにさえ見える。誰しも状況に慣れていく。とはいえそれは確実に死と隣り合わせの日常なわけで、社会的な階級が低ければ低いほど、簡単に命を落とすリスクは馬鹿みたいに上がっていくのだが。

ライリーやチョロは新たに開発された装甲車「デッド・レコニング」号に乗って。物資の調達に向かう(その名前にはコンパスも何もない、手探りの航海という意味がある)。そこら中にひしめくゾンビたちの注意をそらすため、作業中の装甲車からは何発もの花火が打ち上げられる。花火がドンと鳴れば、生ける死者たちはついぼんやり空を見上げてしまう。

ゾンビは生前の記憶と習慣に従って行動する。いかなる瞬間でも思わず口を開けて花火を凝視する習性は、彼らが人間であったときから持っていたものだ。古代ローマから言われている「パンとサーカス」なる警句があるけれども、『ランド・オブ・ザ・デッド』が描き出す社会状況はまさにそのようなものだ。つまり生活に最低限必要な食べ物と、ちょっとした娯楽(「サーカス」というのは本来、ローマで行われていた戦車競走や、剣闘士の試合をさすらしい)さえ与えられていれば、民衆は多少の不満には目をつぶって、支配階級に従うものだと。

常に餓えているはずのゾンビたちが、花火が上がった瞬間だけは空腹を忘れて、虚ろな目で空を見やる。死者たちの消えることのない不満から一瞬だけ目を逸らさせて、その間に生きた人間たちはそれぞれ必要なことをする。「パンとサーカス」が行われるのは何もゾンビに対してだけではない。フィドラーズ・グリーンのふもとに広がるスラム街。そこに暮らさざるをえない人々もまた、支配階級から最低限の物資だけを与えられ、下世話な娯楽にうつつを抜かしている（地下にはご丁寧に闘技場が作られ、ゾンビ同士が闘わされている。まさに見世物＝サーカスだ）。

　本作が公開されたのは2001年の米国同時多発テロを受けて、米国がイラクとの戦争に突入してから2年後のことだ。イラクに大量破壊兵器がある（はず）、というのが当時のブッシュ政権が掲げた開戦への大義名分で、これがまったくの虚偽であったことは誰もが知るところだが、この場合は戦争さえも「サーカス」として活用されたといえる。金持ちがさらに儲けるための方便に使われた派手な軍事行動は、『ランド・オブ・ザ・デッド』のなかで何度も打ち上げられる花火とまさに同種のものだった。

　『ナイト』以来、ロメロが続けて見せてきた映画作品と現実世界の出来ごととのリンクは、ここへきて最も強く、分かりやすいものとなっている。特にごく小さなコミュニティでの小競り合いを超えて、いよいよ世界を牛耳る権力者が物語のなかに直接顔を出してくるあたりは、これまでの作品群との最大の違いといえるだろう（とはいえ支配者カウフマンもフィドラーズ・グリーンという小都市に君臨しているに過ぎないのだが、にしても前3作に比べれば、舞台の規模はずいぶん大きい）。

　人喰いの本能に導かれて、ゾンビたちはこの都市を目指す。これまでのシリーズと比べて、『ランド』の死者はずいぶん進化している。彼らは道具を使い、ときおり感情を露わにさえする。フィドラーズ・グリーンへの進軍を続けた最後の最後、橋のない川に行く手を阻まれた死者の群れ。水辺で思わず立ち往生する。が、そこで生ける死人たちの指導者ことビッグ・ダディが先陣を切って、暗い水のなかへ飛び込んでいく。呼吸そのものをしていないのだから水底だって平気で歩けるという、ゾンビの新しい行動様式である。いずれ水中から無数の死者の群れが姿を現す。リメイク版『ドーン・オブ・ザ・デッド』は猛スピードで走る「進化したゾンビ」を描いてセンセーションを巻き起こしたけれども、本家ロメロもまったく負けていない。

　かくしてゾンビの群れに知性と感情、あるいは自主性のようなものが芽生えた。これらをまとめて人間性と呼んだほうがいいのかもしれない。そのことを悟って、主人公ライリーは最終的に、ゾンビたちへの攻撃中止を指示する。

いろいろあって、彼ら人間も何とかフィドラーズ・グリーンの大惨事を生き延びる。「デッド・レコニング」号を駆り、もう少し無事に暮らせるかもしれない土地へ向かう生き残りの人間たちにとって、もはやゾンビは脅威ではない。生ける屍の群れにしても去っていく彼らを見送るのみだ。生者と死者の間に何かぼんやりとした相互理解のようなものが生まれつつ、もう用済みになった花火がいくつも打ち上げられて映画は終わる。文明社会は相変わらず滅びたままだし、主人公たちに安息の地があるのかどうかはまったく疑わしい。または自我に目覚めたゾンビたちにしたところで食料たる人間の数にも限りはあるから、彼らがいつまで生きられるかは分からない。状況は相変わらず絶望的だが、それでもちょっとした希望のようなものだけは芽生えて、映画は終わる。

　確実に知性を身につけ（または取り戻し）、互いにコミュニケーションを取るに至ったゾンビたち。こうした進化によって、「デッド」シリーズの物語はかつて観客が想像もしなかった方向へ舵を切ることになった。『ランド』以降を続けて描く作品の企画もあるにはあったというが結局は流れてしまい、次作は『ナイト』の語り直しともいうべき『ダイアリー・オブ・ザ・デッド』（07）になった。シリーズがこうして、ある種の仕切り直しを受けたのは返す返すも惜しいことだ。若い作り手たちには想像もし得なかった、生者と死者の共存……『ランド・オブ・ザ・デッド』が提示してみせた世界のさらにその先。40年弱にわたって長大なサーガを紡いできたロメロ自身だからこそ描ける、そんな作品を観てみたかったと、いまでも思うのである。

『ランド・オブ・ザ・デッド』
Blu-ray: 2,075円（税込）/ DVD: 1,572円（税込）
発売元：NBCユニバーサル・エンターテイメント

＊2021年10月の情報です。

失われることのないプロトタイプの強靭さ——『ダイアリー・オブ・ザ・デッド』

真魚八重子

ジョージ・A・ロメロが生み出したゾンビは、とても幅広く活用され、後続の作り手たちによって色々なタイプが創造されてきた。でも、ロメロのゾンビはやはりプロトタイプの強靭さがある。

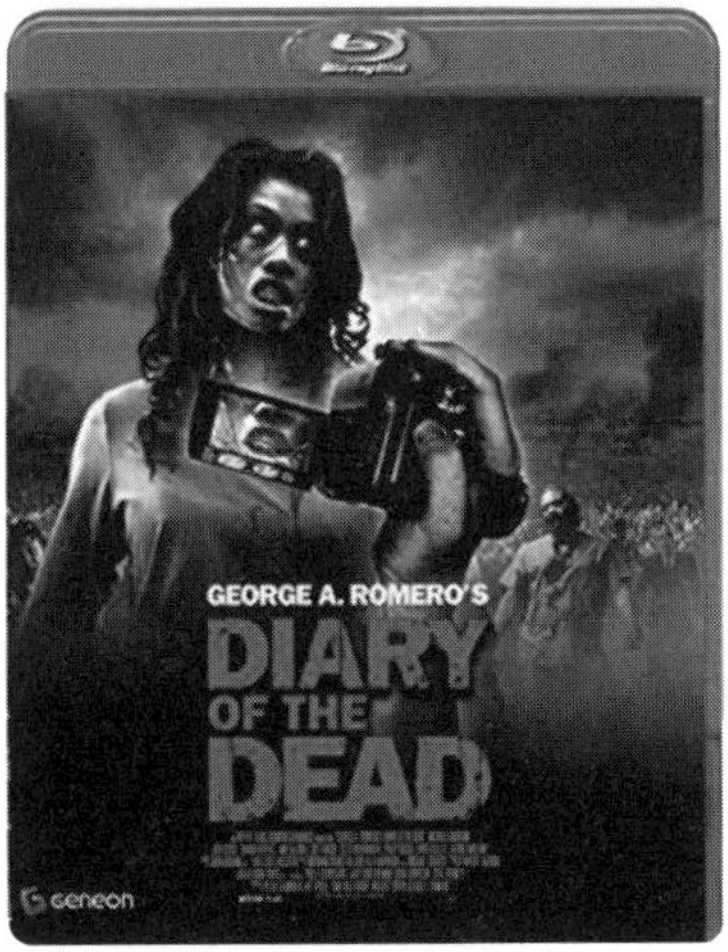

Diary of The Dead（2007）
監督・脚本　ジョージ・A・ロメロ
製作　ピーター・グルンウォルド、アート・スピゲル、サム・イングルバート、アラ・カッツ
製作総指揮　ダン・ファイアマン、ジョン・ハリソン、スティーヴ・バーネット
撮影　アダム・スウィカ
編集　マイケル・ドハティ
出演　ミシェル・モーガン、ジョシュ・クローズ、ショーン・ロバーツ、エイミー・ラロンド

死んだ人間が生き返り、生きた人間の臓物を求めて襲ってくる。動きはゆっくりだが、死者の方が圧倒的に多いので多勢に無勢となってしまう。しかしロメロの映画を観ていてもっとも強烈に感じるのは、ゾンビより人間の怖さだ。ゾンビから逃げきれない焦燥感より、生き延びるためにあがく人間たちの醜悪さが恐ろしい。

『ナイト・オブ・ザ・リビングデッド』（68）からして、そのメッセージ性は強烈だった。キャスティングの時点で黒人差別への批判をはらんでいるし、自分だけ生き残ろうとする利己主義をおぞましく切り取る。また、未曽有の恐怖を経験した女性が発狂してしまうリアリズムも、人間観察に優れている点だ。現在のゾンビ映画やドラマが、アンサンブルで人間関係の軋轢を描く作品が多いのも、原点の『NOTLD』が作り上げた形だ。

ロメロ自身、そのメッセージ性や構図は、晩年になってもまったく衰えず変わらなかった。それだけ、人間性の描写が最初から的を射たものだったからだろう。そのため『ダイアリー・オブ・ザ・デッド』も構造は『NOTLD』と同じである。よく似た展開をする分、現代的にアップデートされた箇所が際立つし、人間の醜悪さの描写がまた細かくもなっている。

まずロメロ御大がPOV作品を撮ったという、時流の取り入れ方が興味を引く。若手が流行に乗るのはわかるが、手堅く作品を作り上げてきたベテランが流行りを取り入れるのは、情報に敏感なことはわかりつつも、年甲斐のないズレなどのボロも出やすいから危うい。しかし本作はロメロがPOVやYouTubeの意義を、新たに検証する内容となっている。

冒頭の、カメラマンが義務感からネットにあげた、ニュースの未放送が混じった映像の中で、最初にゾンビ化しているのは密入国者だ。日本でも、入管施設での虐待といったおぞましい情報を耳にするが、ロメロもそういった現実の暗部を直視する。ゾンビは反逆の一面も持っているので、移民のゾンビが警察に噛みつく序幕はわかりやすい。

本作のメインテーマはカメラを被写体に向ける行為の是非だ。オープニングでヒロインのデブラ（ミシェル・モーガン）のナレーションが入り、この作品がジェイソンの撮影していたドキュメンタリー映画『死の終焉』を、彼女が編集したものだと語る。その『死の終焉』自体の冒頭は、大学の課題でミイラ映画を撮影しているメイキングで始まる。全員が苛立ち、ギスギスした現場だ。しかし世界では死者が甦るという、謎めいた事件が起こって騒然としているのを知り、彼らは避難を始める。

ジェイソンは女子寮にいるデブラを案じ迎えにいく。だがせっかく顔を合わせてからも、片時もビデオを離さないジェイソンの様子をデブラは腹立たしく感じる。合流した彼らは家路を目指してトレーラーで移動を始める。

そもそも、これはデブラが編集したジェイソンの映画なのだから、デブラが本作を世に出そうとしたのだ。でも、無遠慮にカメラを向けてくるジェイソンに対して、デブラは繰り返し「やめて」と言い、怒りを露にしている。この、カメラを向ける行為の無礼さ、撮りたいと思う者による一方的なぶしつけさは批判されて当然だと、本作は一貫した感情を持っている。それと同時に、そうやってこの世の真実を捉えて、世に広めていく意義も信じている。

途中、東京からYouTubeにアップされた、女性がSOSを求めるルポがある。それは情報の共有としてロメロの引用の形は、極東でも同様の現象が起きているのを知る貴重な情報として登場する。しかし、日本からのその重要なルポも、無遠慮に向けたカメラが捉えたものであるのを忘れてはならない。カメラへの怒りと撮影の義務感は、相反するがどちらも拭いがたく重要なものだ。

この齟齬はジェイソンが我々観客から見ると、出来上がった映画においてほとんど空気のような存在になっているためでもある。カメラマンの視点ゆえに、カメラマンが介在することを忘れさせる形式。実際にはずっとカメラを目に当てたままの仲間が目の前にいるのは、相当違和感があるはずだ。それを観客が認識するために、デブラがたびたびジェイソンに突っかかる演出が必要となる。そして、ロメロらしい殺伐とした空気も生まれる。

ロメロの映画は群像劇の必然性として、脇役たちもキャラがたっている。本作ではベトナム戦争の従軍経験があり、アルコール依存症なマクスウェル教授が魅力的だ。若者たちに気持ちよく付き合い、またアーチェリーの名手でもある。また、途中でちょっとだけ登場する農夫のサミュエルも印象深い。耳が不自由な男性で、あっという間の助演だが、潔い終わり方も奇妙なインパクトを残すキャラクターである。また、ロメロのゾンビ映画で黒人男性が果たしてきた役割を、本作で受け継いでいるのが、黒人だけで生き残る体制を作っているストレンジャーだ。ロメロの映画は、世界の終わりに生き抜く主人公は白人男性ではなく、黒人や女性であるという新しい状況を生み出した。マイノリティへの共鳴がロメロの根底にはある。

ロメロの映画でゾンビたちは共存をしているようだが、生きている人間たちは現実と同様にギクシャクしている。言い争い、対立し、一種に動いたほうが安全なのに、仲たがいして別々に行動をし始める。『ランド・オブ・ザ・デッド』において、ゾンビたちの間には仲間意識や共闘しようという意志さえ芽生え始めているのに、生きている人間同士は軋轢を生むのだ。

『ダイアリー・オブ・ザ・デッド』でも、最初にトレーラーで逃げ出す際に、メアリーという女子生徒が運転をしているが、「運転中は気が散るからカメラを向けないで」と言っているにも関わらず、ジェイソンは彼女にしつこく質問をし続ける。その後車はゾンビに出くわし、一見死者とわからぬ3体を轢いてしまう。車に乗っていた映画撮影のクルーたちは一様にショックを受け、運転手のメアリーへの気遣いをすることなく、「人をはねた」と騒ぐ。

我々観客はそれが死者だとわかっており、デブラたちもすでにゾンビとは遭遇している。しかしその場を支配するのはとげとげしい怒りの声と、過失を責める空気だ。そのため、思い悩んだメアリーは自殺を図ってしまう。なぜデブラたちは過失をあげつらうばかりで、メアリーの心のケアをしないのか。それはロメロが人間の厭な部分に気づかずにいられず、またそこを見据えずにいられないからだ。人間は慮るよりも責める生き物なのだとロメロは考えている。

ロメロのゾンビシリーズの中でも、本作のラストカットが個人的にはもっとも好きだ。ゾンビの悪夢が落ち着いて人間の支配力が戻ってきたとき、猟銃が好きな男性たちがゾンビ狩りをし始める。白人保守の典型例な男たちは、ただの駆除ではなく狩猟として楽しんでいる。本作のラストも男たちが、木に女のゾンビの髪を縄でくくって吊るすという、むごいことをしている。実際に、まだそんな昔ではない頃に、白人の男たちはただ殺すのでは飽き足らず、黒人たちの遺体を木から吊るす辱めを与えた。身勝手で利己的で醜悪な人間に対する、ロメロの怒りはここでも強烈に放たれて冷める気配はない。

インディペンデント映画の雄による白鳥の歌──『サバイバル・オブ・ザ・デッド』

宇波拓

朝靄の美しい牧草地を駆け抜ける凛々しき騎馬のゾンビ……。詩情あふれる風景を描きながら、ゾンビが増殖していく閉ざされた空間で極限状態に陥っていく人間同士の軋轢をえぐりだし、すべての要素が西部劇的活劇へと収斂していく、ロメロの異色作にして真骨頂『サバイバル・オブ・ザ・デッド』(09)。低予算、少数精鋭のスタッフで制作されたことは想像に難くないが、スリリングな演出、容赦ないゴア描写、ユーモアあふれるゾンビたちへのあたたかな視点、いずれをとってもゾンビ映画にまさしくこのひとありという刻印が押されており、徹底してインディペンデント映画の雄であったロメロの、白鳥の歌に相応しい作品といえるだろう。

前作『ダイアリー・オブ・ザ・デッド』(07)に略奪犯として登場した元州兵のグループが、流浪の果てにたどり着いた小さな島では、元来そりの合わなかったアイルランド移民の子孫とみられる二つの家族がゾンビの処遇を巡って対立を激化させている。

ゾンビは動く死体に過ぎず、排除するべきとするオフリン家。家族であろうが、子供であろうが、脳に弾丸を撃ち込む以外にするべきことはない。対するマルドゥーン家は、ゾンビを家畜化し、人間以外の動物を食べるように餌付けしようと試みている。

ここに奇妙な倒錯がある。

ロメロのゾンビ黙示録において、ゾンビの飼育、あるいはゾンビとの共生というテーマがあらわれるのははじめてではない。

『死霊のえじき』(85)のローガン博士はゾンビは調教、訓練できると信じ、研究を重ねている。バブと名付けられた元軍人らしき一個体は、餌がなにかはともかくとして、文字通り餌付けに成功し、博士への親愛をあらわし、殺害された博士の復讐のために銃を用いた。さらには、自分が殺害した人間を食べないという選択もしてみせた。

『ランド・オブ・ザ・デッド』のラストにおいて、さまようゾンビ集団へのミサイル発射を止めたライリーは「行き場を探してる、おれたちと同じだ」と語り、棲み分けによるゾンビとの共生が示唆される。知性を持ち始めたゾンビ集団のリーダーと双眼鏡越しに交わされたまなざしは、富裕層への階級闘争を共に闘った同志としての絆のようなものが見て取れる。

いずれのケースにおいても、ゾンビに芽生えた知性が示唆されている。ロメロはゾンビ発生の原因を形而上学やオカルトで説明したことは一度もない。『ナイト・オブ・ザ・リビング・デッド』(68)では、ニュース映像によって金星探査衛星の爆発で生じた放射線が死者の脳を活性したという可能性がほのめかされる。それゆえ、脳まで腐敗した死者は蘇らず、脳を破壊すればゾンビが活動を停止するということにも科学的な説明がつく。『ダイアリー・オブ・ザ・デッド』でも、「脳の電気インパルス」が原因だというセリフがある。したがって、脳の信号が新たな知性、意識を形作ったとしてもなんら不思議はない。

しかし、マルドゥーンはそのような科学的解釈に基づいて、ゾンビの生を認めているわけではない。拉致した元州兵の一人に対し、死後に撮影された先祖の写真を見せながら、自分がしていることはこれと同じ、望みは亡くなった人たちを自分たちの傍らに保っておくこと、自分は神の言葉に従って生きてきたと激昂する。死体は動き出したが、最後の審判における肉体の復活だとは認められないという、宗教に対するロメロ流の悪意あるアイロニーだろう。実際にマルドゥーンがしていることは、ゾンビたちを鎖につなぎ、生前の習慣を機械的に繰り返させているだけで、餌付けに失敗したゾンビの頭は躊躇なく銃で撃ち抜いている。

ゾンビを生かすか、殺すかという対立は、実のところ老人同士の意地の張り合いでしかなく、巻き込まれた生者はただ銃で撃ち殺し合い、さもなくば死者に喰われるのみである。このあまりにも愚かな諍いのさなか、片方がゾンビとなってしまった双子、ジャネットとジェーンは問いを投げかける。ゾンビとなっても、脳に記憶の残滓があるのならば、双子のあいだに流れる特別な想いはまだ残っているのではないか？ 双子は頬を寄せ合い、繋がりを取り戻したかに見える。

しかし、決して単純な人情話には落とし込まないのがロメロである。案の定、ジェーンはジャネットに噛み付き、束の間の感動は水泡に帰すが、注目すべきはその後のジェーンの行動である。あたかも、ジャネットを死の世界へ引きずり込んだことへの贖罪でもあるかのように、愛馬の首筋に齧り付いてみせるジェーン。ゾンビが人間以外の肉を食べた！ マルドゥーンの願いは正しかったのか。ゾンビと人間は共存できる。やはり双子の想いは通じていたのか。やるせない疑問を抱えたまま元州兵たちが島を去った後、そこには馬の死体を貪り食う三体のゾンビが映し出される。つまるところ、ジェーンの行動には人間的な理由などなにもなく、ただ目の前の肉を食べたのである。人間が、自分にとって都合のいいように選び取ってしまう希望を、ゾンビをつかってことごとく捻りつぶしていくロメロ。冷徹な社会批判者としての視点は、決して鋭さを失うことはなかった。

この映画の主人公であるはずの元州兵ブルーベイカーは、武力を有し、強固な意志を持っているようにみえて、実のところその場その場で右往左往していただけである。同名の軍人は『ランド・オブ・ザ・デッド』にも登場する。時系列上、おそらくこのあと富裕層警備の職にありついたのだろうが、結局のところ待ちうけているのはゾンビに食われる運命のみだ。そして、この一見主体的に見える傍観者こそが、われわれ人類自身の姿なのだ。それに比べて、ただ目の前の生肉を食べるという行動原理以外なにもないゾンビたちの、なんと清々しいことだろう。

明け方、明るくなった空に昇る巨大な月を背景に、弾のない銃を撃ち合うオフリンとマルドゥーン。脳の電気インパルスによって間抜けな行動を繰り返しているということにおいて、生きている者も、ゾンビも、なんら変わりはない。ひとしく愚かで、また愛おしいではないか……ロメロのおおらかな笑顔が明るい月に透けた見えたようだった。

ロメロは生前、次回作『Road of The Dead』の脚本を完成させていたようだ。散らばった情報をつなぎ合わせると、ゾンビが人間を食べる必要が無くなる効果がある抗原の研究をしている科学者が登場し、ゾンビと人間の共存可能性を模索する一方、研究材料に使われた囚われのゾンビたちが富裕層の娯楽のためにカーレースのドライバーにさせられるという、『ランド・オブ・ザ・デッド』ミーツ『バトルランナー』(87)のような設定だったらしい。その世界では、ゾンビの家畜化はおろか、薬物を利用して奴隷化が試みられているのだろうか。生涯をかけてゾンビをあたたかく見守りつづけたロメロのことだから、きっと、知性を獲得し、レーシングカーで金持ちを轢き殺しまくるゾンビを見せてくれていたに違いない。

Survival of the Dead（2009）
監督・脚本　ジョージ・A・ロメロ
製作　ポーラ・デヴォンシャイア
製作総指揮　D・J・カーソン、マイケル・ドハティ、ダン・ファイアマン、ピーター・グルンウォルド、アラ・カッツ、アート・スピゲル、ジョージ・A・ロメロ、パトリス・セロー
撮影　アダム・スウィカ
編集　マイケル・ドハティ
出演　アラン・ヴァン・スプラング、ケネス・ウェルシュ、キャスリーン・マンロー、リチャード・フィッツパトリック

短編・CM・MV——ロメロのお仕事アラカルト

山崎圭司

永久不滅の代表作『ゾンビ』(78)の140分バージョンが「ディレクターズカット完全版」と銘打たれたこともあり、ロメロはどうにも長尺作家のイメージが強い。しかし、本人曰く「コマーシャル出身だし、短編も得意」だそうで、自身が公認する『ゾンビ』の「ディレクターズカット」は米国劇場公開時の127分版、140分版は単なる「ロングバージョン」だと断言している(長尺であることに変わりはないが)。

そんなロメロの短編演出の腕前を証明する好例が傑作オムニバス『クリープショー』(82)。スティーヴン・キングの書き下ろし脚本を基に、笑いと恐怖が詰まった全5話のカラフルな恐怖玉手箱に仕上げている。キングの知名度も手伝って同作の興行は成功。テレビのホラーアンソロジー『フロム・ザ・ダークサイド』(83〜88)が企画され、ロメロは脚本と製作総指揮を手がけた。

ロメロはまず、83年に放送されたパイロットエピソード『トリック・オア・トリート』の脚本を担当。後に『ゆかいな天使/トラブるモンキー』(93)を監督するフランコ・アムリとの共同執筆で、ハロウィンの晩に来客を驚かせて楽しむ意地悪じいさんが、最後にバケモノの訪問を受ける痛快な一篇だ。監督は役者としても活躍する『ペアレンツ』(88)の才人ボブ・バラバンで、これが好評を博して無事、シリーズ化が決定。

ロメロは毒舌ラジオDJを主人公にした『悪魔の代弁者』(85)、魔力を秘めたクッキーで広告マンが富と成功を掴む『呪いのクッキー』(86)、報道記者が怪しいサーカスのインチキを暴こうとする『闇夜のサーカス』(86)に脚本を提供。日本ではビデオソフトの発売元がコロコロ変わり、それぞれ邦題が異なるために混乱するが、特殊メイクのトム・サヴィーニを始め、ロメロ映画の常連スタッフが監督業に挑戦。いずれも一見の価値あり、粒揃いの作品群となっている。

一方、『クリープショー』の続編『クリープショー2/怨霊』(87)も製作され、『IT』の執筆で多忙なスティーヴン・キングは原案のみで参加。シナリオはロメロが書き、監督には『ゾンビ』のカメラマン、マイケル・ゴーニックを配置。強盗に復讐する木彫りの酋長人形、湖での水浴びを楽しむ大学生を襲う謎の生物、浮気妻が轢き殺したヒッチハイカーに呪われる3つの戦慄エピソードが綴られる。本来は第1作と同様、全5話のオムニバスだったが、予算の都合で幽霊がボーリングに興じる話と、魔性の黒猫の復讐譚をカット。後者は映画版『フロム・ザ・ダークサイド／3つの闇の物語』（90）に流用された。

映画版の『フロム〜』は美しい魔女に夕食の材料として囚われた少年が、命乞いの時間稼ぎに3つの怖い話を語る設定。古代エジプトの呪術を巡るコナン・ドイル原作の一篇『運命249』には、クリスチャン・スレイターやスティーヴ・ブシェミに混じって、今や大女優のジュリアン・ムーアが出演しているのもお楽しみ。こちらの監督は『死霊のえじき』（85）の作曲家ジョン・ハリソンを起用。ゴーニックもハリソンも、テレビシリーズで修業を経たうえでの大抜擢だ。

恐怖と表裏一体な黒い笑いが奇妙な後味を残す一連の短編作品について「ホラーは怖くなきゃダメ！という常識は見当外れ」だとロメロは提言する。私が今までに観た最も恐ろしい物のひとつは『2001年宇宙の旅』（68）のエンディングだったから、と。

1990年代に入り、ロメロは『ゾンビ』の共同製作者ダリオ・アルジェントと組み、エドガー・アラン・ポーの映画化『マスターズ・オブ・ホラー／悪夢の狂宴』（90）に登板する。幼少期からポーの怪奇文学や詩編に親しんだアルジェント主導の企画で、当初はスティーヴン・キング

やジョン・カーペンターらが参加する予定だったが、製作費やパワーバランスの問題から、結局は1時間の中編2本立ての構成に落ち着いた。

「ポーの著作は好きだが、影響は受けていない」と若干、冷ややかな姿勢のロメロは、原作に「赤死病の仮面」を選択。階級社会とエイズの脅威をモチーフにした現代翻訳に挑んだ。しかし、アルジェント側は「面白い解釈だが、社会風刺に偏りすぎてポーへの敬意を欠く」とダメ出し。制作会議を経て、ロメロの担当作は「ヴァルドマアル氏の病症の真相」に変更になり、映画ではゾンビを絡めた遺産相続劇に仕立て直された。

強欲な悪女が遺言書を書かせようと催眠術をかけた老富豪の夫が急死。冥界と現世が繋がったままになり、死人が歩き出す。ロメロの持ち味が色濃く出た、強欲と因果応報の道徳譚だが、主人公たちは感情移入を拒み、演出はオーソドックスだが単調。全体的に地味で滅々とした印象に。対するアルジェント編『黒猫』は、奇抜なカメラワークで血まみれの修羅場を描き、2大巨匠の対決はアルジェントに軍配を上げる観客も多かった。

こうして眺めてみると、ロメロの短編に登場するゾンビは死の沈黙を破って現れる復讐者で、それ以上の常識を揺るがすことはない。世紀末を背景に原因不明で蘇った死者が無差別に人間を食い散らし、生きるか死ぬかのアクションに雪崩れ込む〝ゾンビ〟の斬新さは、改めてロメロ映画にとって得難いカンフル剤だったと思う。

その後、ロメロはハリウッドのメジャースタジオと契約。『ハムナプトラ／失われた砂漠の都』(99年にスティーヴン・ソマーズ監督で映画化)や、幽霊怪談「Before I Wake」を含む12本の脚本を書くが、いずれも実を結ばぬ泥沼状態に陥った。この時期、『羊たちの沈黙』(91)がアカデミー賞を総なめにし、サイコサスペンスが大流行。昔ながらの有名ホラー監督は軒並み低迷期に突入した。そんな『～沈黙』にロメロ御大がFBI捜査官役で出演(お膝元ピッツバーグで撮影されたため)しているのは、なんとも皮肉だ。

新作のニュースが絶えて久しいなか、朗報となったのがカプコンの『バイオハザード2』(98)のテレビCM。若手スターのブラッド・レンフロが主演、特殊メイクはスクリーミング・マッド・ジョージが手がけ、ロメロがメガフォンを握る。映画のワンシーンの如く、警察署をゾンビが襲撃する短い映像に胸をトキメかせ、このCMが縁となりロメロが映画版『バイオハザード』（02）の監督に就任というニュースに密かに涙したファンも多かったはずだ。しかし、ロメロが書いた脚本は血みどろでテレビや劇場に売れないと製作者が却下。代打にポール・W・S・アンダーソン監督が登場。見事、映画を大ヒットに導いた。

代わりにロメロは『URAMI～怨み～』（00年）を監督しながら、伝説的ハードコアパンクバンド、ミスフィッツの「Scream」のビデオクリップを演出。病院がゾンビパンデミックになる愉快な内容でファンの渇望を癒した（本音を言えば全然、癒えなかったが）。

眠れるものなら眠ってみろ。悪夢はこれから始まる…。
ジョージ・A・ロメロ Presents
BOOK OF THE DEAD
ブック・オブ・ザ・デッド
ホラー映画の巨匠。カルト映画の鬼才。あのジョージ・A・ロメロの話題の新作!!
DVD

「忍耐強く理想を追うより、邪魔の少ない道を探すのが現実的だ。ゾンビ映画が売れないなら、漫画原作の仕事で自活する。漫画は予算の制約もないし（笑）」。

独立独歩の映画人らしい発言そのままに、トム・サヴィーニが監督で参加したオムニバス映画『ジョージ・A・ロメロ Presents BOOK OF THE DEAD ブック・オブ・ザ・デッド』（09）の狂言回し役などで気を吐いていた晩年のロメロ。その仕事は幅広く、イタリアの美術ドキュメンタリー「Il pianto della statua（嘆く彫像）」（07）に、マイケル・チミノ監督と並んで劇中で朗読されるテキスト（その名も「情熱と官能」）を寄せているという。

まだまだ、多彩な仕事の全貌は計り知れない。ロメロ、恐るべしである。

ロメロの素顔とホラー映画への理解が深まるドキュメンタリー4作

山崎圭司

ロメロ級の有名ホラー監督になると、映画ソフトの特典を筆頭にテレビ出演や取材映像も多数残されている。映画データサイトのIMDbではドキュメンタリー系作品は92本を数えるが、恐らくそれ以上の本数が存在するはずだ。ロメロの監督作品のソフトに収録されたメイキングが制作意図や舞台裏の詳細を明かす資料集だとすれば、ロメロの素顔や業界での功績を知る手がかりになるのが単品のドキュメンタリー作品群である。

初めてロメロを取りあげたドキュメンタリー映画としてお馴染みなのが、1981年に完成した『ドキュメント・オブ・ザ・デッド／ジョージ・A・ロメロのゾンビワールド』だ。タイトル通り、不滅の名作『ゾンビ』（78）のロケに密着、本番の準備に忙しいスタッフや出番を待つキャストの様子、関係者へのインタビューなど、当時の空気をダイレクトに捉えた貴重な映像がふんだんに登場する。

監督はニューヨークの映画学校で講師を務めていたロイ・フランケスで、ロメロと製作者リチャード・ルビンスタインに招かれて、映画学生をスタッフに仕立てて現地に突撃。ロメロのCM監督時代の作品も収録し、マニアックにその経歴と仕事ぶりを紹介する内容だったが、配給が見つからずに未公開のまま。約10年後に『マスターズ・オブ・ホラー／悪夢の狂宴』（90）の撮影現場映像を追加。文字通りの蔵出しリリースが実現した。

今なら検索一発、ゾンビ役のエキストラが「個人的に」現場で撮った激レア8ミリ映像が動画サイトで無料鑑賞できたりと至れり尽くせりだが、かつてはメイキング映像など、まず入手困難。ファン垂涎のお宝だった。本作のビデオを擦り切れるまで再生した熱心なロメロ信者諸氏も多いだろう。

映画産業の本場である西海岸のハリウッド、または東海岸のニューヨークとは距離を置き、地方都市ピッツバーグで我流の活動を自由に続けたいとするロメロの頑固な姿勢は相変わらずだが、『マーティン』（77）の荒編集版は2時間45分もあり、描きたいことが多すぎて、いつも脚本が分厚くなってしまうんだと照れくさそうに笑う若々しいロメロの姿には、思わずこちらも自然と笑顔になってしまう。

もう1本、ビデオ作品ながら外せないのが『ファンゴリア・ビデオマガジンVOL.1トム・サビーニ・スペシャル』（86）。過激な流血メイクでロメロ映画の魅力を大幅に底上げした天才アーティスト、トム・サヴィーニの偉業を追い、目の錯覚や手品の如きトリックを駆使した映像魔術の秘密を明かす濃い内容だ。

もちろん、参考としてロメロの監督作を多数引用。日本では『死霊のえじき』（85）の劇場公開（1986年4月）を控えた同年1月にソフトが発売され、『ゾンビ』より技術的にすごいことをやった！と、サヴィーニが自信満々の残酷ハイライトを本編から惜しげもなく抜粋。ここには劇場版からカットされた鉈による腕切り場面も含まれ、血に飢えたコアなファンを身悶えさせた。

演出や芝居にも意欲を見せ、「子供の頃に信じたものを具現化させたい」と早口で語るサヴィーニと、延々と繰り返されるNGテイク、役者と助手を血と内蔵まみれにしながら笑いの絶えないアナログ特撮現場。なんと逞しきホラー映画愛か。

「残酷場面のどこが楽しいのかと聞かれるが、好みと反応は人それぞれ。私とトムは笑ってしまう派だ」とロメロは満面の笑みでコメント。一方、サヴィーニは流血表現を極める裏側にベトナム戦争への従軍体験を語り、ふたりの二人三脚の関係性にふと、思いを馳せてしまう。

90年代までに発表されたこの2本が、リアルタイムの発言を伝える記録映画だとすれば、21世紀に入って製作された以下の2本は過去を回想し、作品の成立や影響、ひいてはホラー映画の意義を探ったもの。

若者たちの熱狂的支持を集め、カルト映画と呼ばれた作品群の誕生を追った『ミッドナイトムービー』(05)には、ロメロの出世作『ナイト・オブ・ザ・リビング・デッド／ゾンビの誕生』(68)が登場。ピッツバーグのご当地映画が、いかにして現代アメリカ映画史に名を残す重要作となっていったか、その過程が綴られる。

残酷哲学ウェスタン『エル・トポ』(70)で始まったこのムーヴメント。真夜中の映画館に集った若者や学生が、古い価値観を打ち砕く新世代の映画を発見。悪趣味問題作『ピンク・フラミンゴ』(72)や、観客参加型ミュージカル『ロッキー・ホラー・ショー』(75)などに心酔し、ミサの如く劇場に通いづめて崇めるように何度も観たことから「カルト映画」と名づけられた。

この流れのなかで、『NOTLD』はホラー映画ながら旧体制への怒りを表現し、ベトナム戦争や公民権運動への政治的暗喩を持ちこんだと評価された。ロメロはいつもの調子で「それは偶然の産物」と笑いつつ、「嘘やごまかしをせず、伝えたいことをぶつけた」と証言。若者からの支持は、熱く燻る銃口をまっすぐ観客に向けた結果だと分析している。

もう1本、アメリカのホラー映画史を社会不安の生々しい写し鏡と捉え、有名監督たちの証言でホラーに隠された真意を検証した『アメリカン・ナイトメア』(00)にも『NOTLD』が引用されている。

ロメロはここでも「映画の配給を探しにNYへ向かったその晩に、マーティン・ルーサー・キング牧師が暗殺された」と定番のネタを披露。流血の魔術師トム・サヴィーニも再び残酷表現へのベトナム戦争の影響を吐露しているが、無残な死体が転がる戦場の惨禍と映画の流血場面を交互につなぐ編集を背景に、戦地で負った心の傷を辿る告白には重苦しい説得力がある。

古典的なモンスター映画とは異質の新しいリアリティを備えた現代のホラー映画『NOTLD』の衝撃を物語るべく、60年代末の病めるアメリカを振り返る大物監督たち、ジョン・カーペンターやウェス・クレイヴン、トビー・フーパーの顔つきは神妙だが、ジョン・ランディスだけが妙にハイテンションにロメロを絶賛するのが愉快だった。

いずれの作品も在りし日のロメロを偲びながら、ホラー映画への理解がグンと深まるお勧めの名作・秀作ドキュメンタリーである。

玉石混交？　リメイク作品の数々

伊東美和

ハリウッドの慢性的なネタ不足と興行的な安全志向から、ヒット作、人気作は片っ端からリメイクされる運命にある。もちろん、ジョージ・A・ロメロ作品も例外ではなく、これまでに少なからぬ数がリメイクされてきた。実際のところ、それらリメイクの出来はどうなのだろうか。作家性が強いとされるロメロ作品が、どうアレンジされているのだろうか。

ロメロ作品のうち最もリメイクの数が多いのは、圧倒的に『ナイト・オブ・ザ・リビングデッド』（68）だ。同作はパブリックドメインになっているため、なぜか日本で劇場公開された『超立体映画ゾンビ3D』（06）を始め、インディー系の俺流リメイクが大量に作られている。

それら俺流リメイクは単なるエピゴーネンか、ファンムービーの域を出ないが、ロメロが製作総指揮・脚本を担当した『ナイト・オブ・ザ・リビングデッド／死霊創世紀』（90）は、さすが本家ならではのクオリティ。『ゾンビ』（78）『死霊のえじき』（85）の特殊メイクを担当したトム・サヴィーニが監督にあたっており、古典ともいえるサバイバル・ドラマを手堅く演出している。

ストーリーは概ねオリジナル版に忠実だが、22年目のリメイクだけにモノクロだった映像がカラーに変わっている。だが、それ以上に時代の流れを感じさせるのは、ヒロインのキャラクターがタフな女性に変更されていることだろう。かつては恐怖のあまり茫然自失に陥った彼女が、ここでは拳銃を手にゾンビの群の中を駆け抜けていく。『エ

イリアン』（79）『ターミネーター』（84）の系譜にある戦うヒロイン像だが、生存者グループのお荷物的キャラクターが女戦士に変わったことで、状況の深刻さ、絶望感は薄められたかもしれない。

ロメロのリビングデッド・シリーズ第2弾であり、ゾンビ映画の金字塔『ゾンビ』（78）は、『ドーン・オブ・ザ・デッド』（04）として〝リ・エンヴィジョニング〟された。制作発表後、ロメロが関与していないことを知った海外のファンが、本作の撮影中止を求めてウェブ上で署名活動を繰り広げたが、そうした声は劇場公開とともに消えた。もちろん、根強い否定派もいたが、実際に映画を観て支持にまわるファンが多かったのだ。

ジェームズ・ガン脚本、ザック・スナイダー監督という今では豪華な組み合わせの本作は、舞台がショッピングモールであることを除き、ロメロのオリジナル版とは完全な別物といっていいだろう。登場人物の顔ぶれ、劇中のエピソードがまったく違うし、出てくるゾンビは『28日後…』（02）ばりに全力疾走する。スナイダー&ガンのコンビは社会風刺や人間ドラマに興味はないらしく、サバイバー対ゾンビのバトルのみに焦点を合わせる。見どころは血湧き肉踊るアクションとバイオレンスだ。特にクライマックスのモール脱出劇は凄まじい。ひしめくゾンビの大群を武装バスで轢き潰し、チェーンソーで切断、プロパンガス爆弾で吹っ飛ばす！

本作は公開初週の全米映画ランキングで1位になったうえ、製作費2600万ドルに対して全世界で1億2300万ドルの興収を上げた。この数字は『ゾンビランド』（09）に抜かれるまでゾンビ映画のトップだった。ロメロは本作の走るゾンビには否定的だったが、その内容に関しては「想像していたよりも良かった」と好意的なコメントを寄せている。

　人間を凶暴化させる細菌兵器の恐怖を描いた『ザ・クレイジーズ』（73）は、アメリカ公開時は話題にならず、『ゾンビ』の大ヒット以降に評価されるようになった。とはいえ、一般的な知名度があったわけではなく、ホラー映画ファンの間だけで知られるような作品だった。本作にリメイクの白羽の矢が立ったのは、先に『ドーン・オブ・ザ・デッド』の成功があったからだろう。

　リメイク版『クレイジーズ』（10）の監督に起用されたのは、元ディズニーCEOの御曹司であり、『サハラ　死の砂漠を脱出せよ』（05）などを手がけたブレック・アイズナーだ。彼が参加する以前の脚本は、オリジナル版に近いものだったらしく、感染パニックに巻き込まれた主人公たちと被害拡大の阻止を図る軍部の行動を描いていた。アイズナーはそれを主人公からの視点に一本化し、彼らの都市脱出劇をストーリーの軸に据えた。その結果、ポリティカルな風刺性は薄れたものの、より感情移入しやすいサバイバル・アクションに仕上がることとなった。

　『ドーン・オブ・ザ・デッド』と同じく、アクションを主体にした構成は悪くないが、その他のアレンジに関しては残念なことがふたつある。ひとつは感染者をゾンビのようなクリーチャーとして描いたこと。オリジナル版の感染者は、凶暴化しても外見的には正常な人間と変わらなかった。ところが、この映画では、感染すると顔に血管が浮き出し、目が不気味に濁り、いかにも人を殺しそうなルックスになるのだ。外見では感染者を見分けられないことがサスペンスを生んでいたのに、これではゾンビ映画と変わらない。

感染パニックホラーの傑作が誕生!
クレイジーズ
THE CRAZIES
一杯の水で狂暴になる
DVD

もうひとつは、主人公らが住民凶暴化の原因を知っていること。オリジナル版では、主人公らは最後まで事件の真相を知ることなく、なぜ人が狂うのかわからないまま逃亡を続ける。わからないからウィルスで汚染された水を飲んでしまう。一体、自分たちは何を相手に戦っているのか？なぜ頭がおかしくなるのか？　そうしたパラノイアックな不安感がリメイクでは失われているのだ。

ロメロは本作の製作総指揮を務めている。アイズナーはロメロに電話をして映画の感想を聞いたそうだ。ロメロは「自分の作品とは違う」「自分がリメイクするなら違う形になった」と言いつつも、映画の出来に関しては褒めてくれたとのことである。

これまでに挙げたロメロ作品のリメイクは、どれも批評的・興行的に一定の成功を収めている。ロメロ・ファンからすると「それはない！」と言いたくなるところだが、リメイクの方がテンポが良くて好きだという意見もたまに聞く。だが、もちろんリメイクは成功ばかりではない。見事な失敗もある。

リビングデッド・シリーズ3作目『死霊のえじき』(85)は、ロメロ作品の中では『NOTLD』に次いでリメイクの数が多い。最初のリメイクは、ジェフリー・レディック脚本、ステーヴ・マイナー監督の『デイ・オブ・ザ・デッド』(08)だ。レディックは『ファイナル・デスティネーション』(00～)シリーズの生みの親でティーンホラー向き、マイナーは『ガバリン』(86)『U.M.A レイク・プラシッド』(99)などで知られるベテランだが、コメディタッチの作品を得意とする。陰々滅々とした『死霊のえじき』のイメージにはそぐわない。『デイ・オブ・ザ・デッド』はそうした題材と作り手のズレが表面化したような作品だ。

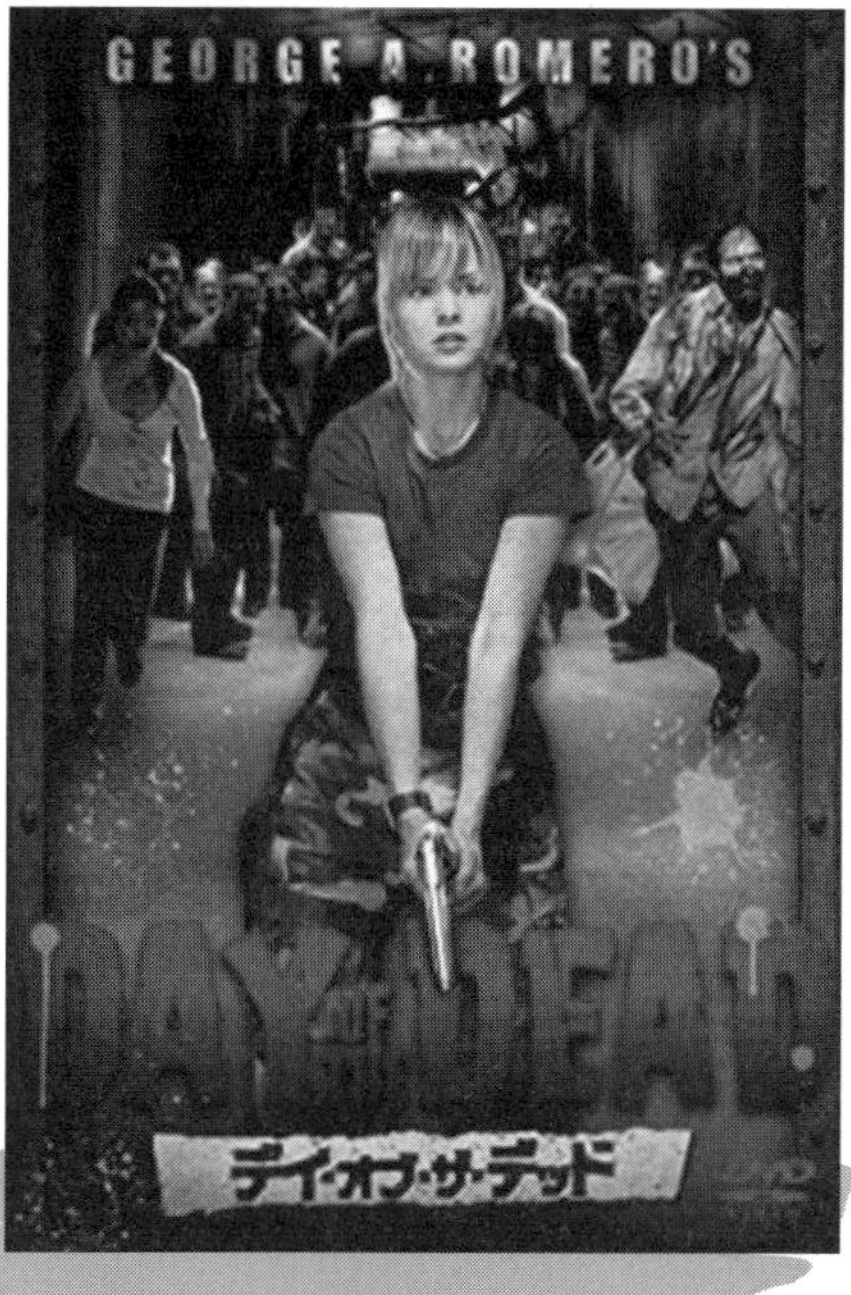

オリジナル版は地上にゾンビが溢れる世界を舞台に、地下倉庫に籠城する科学者と軍人の対立を閉塞感たっぷりに描いたが、本作ではその設定が跡形なく消えている。共通点は原題と登場人物の名前のみ。主人公にキュートな女兵士とティーンを配し、ちょこっとコメディ&ロマンス要素をプラス。生存者は場所に縛られることなく移動を続け、ゾンビは全力疾走するどころかゴキブリのように壁や天井をはいまわる。オリジナルのバブに相当するゾンビは、なんとベジタリアン・ゾンビだ。バカバカしくて笑えはするが、そんなの『死霊のえじき』のリメイクに求められてないだろう。

『ドーン・オブ・ザ・デッド』同様、本作に対してもファンによる撮影中止運動が起こり、さらに予告編が公開されるや、ジャンプ&ダッシュする活発なゾンビに批判が殺到した。このネガティヴな反応にプロデューサーは怖気づき、すでに撮影が終わっていたにもかかわらず、スタッフに脚本の変更と一部シーンの撮り直しを命じた。だが、そのかいもなく本作は予定されていた劇場公開を見送られ、DVDリリースのみに終わった。

リメイク版『デイ・オブ・ザ・デッド』に出演した女優のクリスタ・キャンベルは、11年にキャンベル・グロブマン・フィルムズを立ち上げてプロデューサーに転身した。彼女は自分の出演したリメイクが失敗したことを踏まえ、新たにロメロのオリジナル版に忠実なリメイクを作ろうと試みる。そこでロメロにコンタクトを取り、プロジェクトへの参加を打診、さらに脚本の使用許可をもらおうとするが断られる。それでも食い下がり、脚本の書き下ろしを依頼するがそれもダメ。結局、ロメロ抜きで制作されたのが『死霊のえじき Bloodline』(18)だ。

新たに雇われた脚本家は『ボディ・ハント』(12)のマーク・トンデライと『リアル・ハント』(08)のラース・ジェイコブソン。監督は『レイプ・オブ・アナ・フリッツ』(15)のヘクトール・ヘルナンデス・ビセンスだ。前回のリメイクとは対照的に若手を起用している。

プロデューサーのキャンベルは、制作の初期段階から『死霊のえじき』に忠実なリメイクを目指すと喧伝していた。確かに本作はロメロ版を下敷きにしてはいるが、随所に大胆なアレンジを加えている。フェンスで囲まれた避難施設、ヒロインと軍人のリーダーの対立はそのまんま。一方、バブに相当するゾンビのマックスはヒロインのストーカー、ヒロインの研究目的はワクチン開発に変更されている。ゾンビ映画屈指の人気者バブを冴えない悪役にするのは理解できないが、それ以上に引っかかるのはヒロインのキャラクターだ。独善的で協調性がなく、彼女が何か思いついたり、行動を起こす度に兵士が巻き込まれて命を落とす。彼女こそがトラブルの元凶に見えるし、兵士はバカに見える。

おまけにゾンビ映画として目新しいものがなく、サスペンス描写も凡庸というしかない。むしろ、オリジナル版を無視して暴走した最初のリメイクの方がチャーミングに思えてくるほどだ。

　かくして『死霊のえじき』のリメイクは2度に渡って失敗したが、それでもまだチャレンジは続いている。今度は米ケーブルTV局のSyfyが『死霊のえじき』をもとにした全10話のTVシリーズを制作したのだ。『ザ・ヴォイド』(16)『サイコ・ゴアマン』(20)でカルト的な支持を集めるスティーヴン・コスタンスキが製作総指揮・監督を務めているが、本人も出来に自信がないのか、「奇妙な作品でファンが期待するようなものではない」と微妙なコメント。本作はゾンビ発生後の24時間を舞台に6人のサバイバルを描いているらしく、どこがどう『死霊のえじき』なのかとファンを困惑させている。

論考

ロメロ以前のゾンビ映画からみる ロメロの革新性

キヒト

ゾンビ。埋葬された死者達が蘇り、生者の血肉を求め彷徨う。ゾンビに噛まれ死に至った者はゾンビと化し、やがて生者に喰らいつき、その感染は広がり続ける。ゾンビを退治する方法はただ一つ。脳を破壊しその活動を停止させる他に術はない。

ゾンビは映画だけに留まらず、小説やゲームにおいても確固たる地位を築いており、今や吸血鬼や狼男をも凌ぐほどのホラー界の一大ジャンルを担っている。しかし、誰でも知っているこのゾンビの特徴は、ジョージ・A・ロメロの『ナイト・オブ・ザ・リビングデッド』(68)によって創造されたものであり、それまでゾンビ映画にはこのようなカニバリズム的色彩や伝播性は存在していなかった。つまり、現代における我々がイメージするゾンビとは、まさにロメロによって生み出されたものなのである。ロメロがゾンビ映画の第一人者と呼ばれる所以はそこにある。

では、ロメロ以前のゾンビ映画とは一体どういったものであったのであろうか。主要な作品の順を追って眺めて行こう。

■世界で最初のゾンビ映画『恐怖城』(32)

ゾンビが世界ではじめて銀幕に登場したのは、『恐怖城』(ビデオ発売タイトルは『ホワイト・ゾンビ』)である。主演はユニヴァーサルの『魔人ドラキュラ』(31)でドラキュラを演じ、一躍怪奇俳優としての地位を確立したベラ・ルゴシ。インディペンデント系製作の低予算映画ではあるものの、『魔人ドラキュラ』のドラキュラ城のセットを借り受け撮影されたため、低予算映画であることを微塵も感じさせない。

そもそもゾンビとは、ハイチの民間伝承であるブードゥー教の司祭の呪術によって蘇らせられ、奴隷の代わりとして労働に従事させられる死体である。本作でのゾンビは、この民間伝承に忠実な「労働に従事させられる死体」として描かれており、虚ろな表情のまままただただ虚空を見つめ、ふらふらとルゴシ演ずる呪術師に操られている。ジャック・ピアースによるメイクは奇怪ではあるものの、腐乱しているというわけでもない。

ゾンビ達はある者は挽き臼を回し、ある者は墓を暴き死体を運ぶ。呪術師が邪魔者を殺すよう指示した際も、犠牲者を皆で運んで崖から放り投げるだけといった、極めてシンプルな命令しかこなせない。そう、本作における恐怖の主体はゾンビではなく、あくまでそれを操る魔人ルゴシその人にある。ゾンビを操る際に見せるルゴシお得意の眼光鋭い演技は文句なく素晴らしく、派手なメイクをするわけでもなくただ宙をみつめふらふらと彷徨うゾンビ達も逆に不気味な効果を生み出してはいるが、いわゆる現代的なゾンビ映画を期待すると肩透かしを食らうことになろう。また、本作のゾンビは厳密には蘇っ

た死体ではなく、薬物によって仮死状態とされた後に肉体だけが呪術師に操られている、というのが特徴的でもある。

■余韻が素晴らしい『生と死の間』(43)

続いてゾンビ映画史に登場するのは、RKOヴァル・リュートン製作の『生と死の間』(43)(ビデオ発売タイトルは『ヴードゥリアン』、DVD発売タイトルは『私はゾンビと歩いた!』)である。当時はユニヴァーサルが『魔人ドラキュラ』(31)、『フランケンシュタイン』(31)、での成功を皮切りに『ミイラ再生』(32)、『透明人間』(33)、『フランケンシュタインの花嫁』(35)、『狼男』(41)といった「ユニヴァーサル・モンスター」達を続々と銀幕へ送り出し、怪奇映画の黄金期を迎えていた時代である。そんな中にあって、『市民ケーン』(41)等の大作により赤字経営となっていたRKOは、ヴァル・リュートンをプロデューサーに迎え、独自の演出手法を用いた低予算の怪奇映画路線で再起を賭けていた。

ヴァル・リュートンの作風は、恐怖の対象を明確に映し出すのではなく、暗示的に描くことで観客の想像力を煽るのが特徴である。本作『生と死の間』でもその手法は効果を上げており、怪奇映画でありながらも、まるで文芸作品であるかのような風格と余韻を感じさせる。

しかし、それ故に本作におけるゾンビは抽象的である。恐らくゾンビなのであろう者は長身の黒人ただ一人であるが、彼がゾンビであるかどうかは明示的には言及されない。そしてその外見は不気味ではあるものの、腐乱しているわけでもなく、ただゆっくりと単純な使役をこなすだけでしかない。また、高熱で昏睡状態に陥ったことで意識を回復することなく夢遊病者のようになってしまった砂糖工場の経営者の妻も、ゾンビなのか、はたまた熱病の後遺症であるのか不明瞭である。陰影の強いモノクロの映像の中で幽玄的に彷徨う彼女の姿は素晴らしく怪奇映画的であり、美しくも儚いが、ゾンビ映画を期待すると『恐怖城』以上にコレジャナイ感を強く覚えることになるだろう。

■名門ハマー・プロが生み出した『吸血ゾンビ』(66)

やがて時代はうつり、カラー映画の時代。イギリスのホラー映画会社ハマー・プロが登場する。ハマーはピーター・カッシングをフランケンシュタイン男爵に、クリストファー・リーをドラキュラ伯爵に据え、ユニヴァーサルが30年代40年代に生み出した怪奇映画達をハマー・カラーと呼ばれる独特の色彩とテンポの良い演出で次々とカラーで蘇らせた。その名門ハマー・プロが製作したのが『吸血ゾンビ』である。

ここに来てようやくゾンビ達は死衣を纏い、白目を剥き腐乱したメイクとなり、格段に恐ろしい外見となる。子供の頃に本作のスチール写真を目にして震えあがった世代もいるのではないだろうか。埋葬された医師の妻が墓場でゾンビと化し、シャベルで首を跳ね飛ばされるさまや、ゾンビ達が墓場から土を押し上げ蘇ってくるさま、のろのろと犠牲者に集団で群がっていくさまは、後年のゾンビ映画に見られる悪夢的なイメージの原石として特筆すべきものがある。流石はハマー・プロである。

ただ惜しむらくは、これだけの魅力的な要素が加わったにもかかわらず、本作のゾンビ達もまた、呪術師に操られ単純労働に従事させられる存在なのである。物語は呪術師と教授達との対決が主軸であり、恐怖の主体が呪術師とゾンビのどっちつかずとなっている。この構造はユニヴァーサル、ハマーが共に初作を除くミイラ男シリーズで踏んだ過ちと同様である。エジプトの高僧に操られ意思を持たぬ存在のミイラ男カリスは、その抜群にインパクトのある外見とは裏腹にキャラクターとしての独立性に乏しくなってしまった。残念ながら本作にもこれと同じ構造上の問題を見て取ることができる。

さて、こうしてゾンビ映画史をなぞってみると、如何にロメロが生み出したゾンビ映画が素晴らしく革新的であったかがよくわかる。カニバリズムや伝播性は勿論大きな発明の一つであるが、最も重要な点はゾンビが発生した原因を宇宙からの放射線と仄めかす程度に留めブードゥー教の呪術から解放し、ゾンビそのものを単独で恐怖の主体に据えた点にある。この構造の革新によって、初めてゾンビはホラー映画の主役モンスターとなり、現代に至るまでの一大ジャンルを確立したのである。ゾンビ映画史におけるロメロの功績は計り知れない。ロメロなくしてゾンビ映画の今はない。まさにロメロの『NOTLD』によって、ゾンビは新たな生命を与えられ蘇ったと言えるのである。

論考

ライブラリ音楽と創造性

宇波拓

低予算のインディペンデント映画であったにもかかわらず、『ナイト・オブ・ザ・リビングデッド』(68)にはオーケストラや電子音をフィーチャーした格調高い音楽が全編にわたって効果的に用いられている。しかし、オープニングタイトルに音楽家のクレジットはない。いったいどうしたことだろうか。

テキサス州マーファでCineMarfaという映画祭を主宰し、自身も映像作家で、フィルム・コレクターでもあるというデヴィッド・ホランダーによる『Unusual Sounds: The Hidden History of Library Music』(18, Anthology Editions)は、低予算テレビ番組、ジャンク映画に大量に用いられながら、20世紀メディア史に埋もれ、誰にも顧みられることのなかったライブラリ音楽に光を当てた野心的な書物だが、ここに序文を寄せているのがほかならぬロメロ、その人である。『NOTLD』のサウンドトラックが、誰でも使えるようにストックされている音楽アーカイヴ、つまりは現在で言うところの著作権フリー音源集を使って作られていることを知識として知ってはいたが、このテキストを通して、ロメロのインディペンデント魂と、名もなきアーティストに対する深いリスペクトに触れ、私は涙を禁じ得なかった。

ロメロと友人たちによる小さなプロダクション、ラテント・イメージは、当時、ビールのCMや工業用映像などを作って糊口を凌いでいたが、映画を作るためにハードマン・アンド・アソシエイツなるオーディオ制作会社とパートナー契約を結んだ。この会社の社長カール・ハードマンこそが『NOTLD』のプロデューサーに名を連ね、挙句の果てに劇中で小憎らしいハリー・クーパーを演じる羽目になった人物である。クーパーの妻と娘の役も、ハードマン関係の人たちだったらしい。映像の編集は終わったものの、音楽予算などとても残っていないという状況のなか、この会社がたまたまライブラリ音楽のレコードを大量に持っていた。ロメロの目には数千枚に見えたそうだ。それぞれ、特定の映画のために作られた音源ではなかったが、「期待感」「サスペンス」「急なショック」などとラベリングがなされていた。使用料は、一曲ごとに決まった額を払えばよく、かなり安価に使えたようだ。

ロメロとハードマンはこのレコードたちを延々と聞き続け、候補曲が見つかると編集室に戻ってフィルムにあわせてみるという作業を数ヶ月にわたって続けた。ロメロは、ただそのシーンにあった音楽が流れているというだけではなく、音楽が映画の一要素として大きな意味を持つように構築できたと、かなりの手ごたえを感じたようだ。音楽家も一人のアーティストである。監督のヴィジョンを深いところで共有することは、とてつもなく難しい。ロメロとハードマン、二人きりの作業は、ただ自分たちの手で既存の音源から選択していくことで、誰かとのコミュニケーションもなく、誰かに意図を伝えることもなかった。それはロメロのように独自のスタイルを貫いた作家にとって、理想的な環境であったのかもしれない。

『ゾンビ』(78)では事情はより複雑だった。『ゾンビ』

には複数のバージョンが存在するが、現在入手可能なソフトで確認する限り、音楽に関しては、ダリオ・アルジェントが監修し、アルジェントの音楽チームであるゴブリンが音楽を担当したアルジェント版、ロメロ自身が編集し、ライブラリ音楽とゴブリンが混在したディレクターズカット版の2パターンがあると考えてよさそうだ（米国劇場公開版も、ソフトではディレクターズカット版とほぼ同じ音楽だった）。経緯についてはやや混乱がある。アルジェント版に収録されたコメンタリーによれば、ゴブリンのクラウディオ・シモネッティは、米国劇場公開版にはすでに音楽がついていたが、オリジナルではないので映像にあっていなかった、アルジェント版を見たロメロがゴブリンの音楽を喜んで、自分のバージョンを一部差し替えた、という認識のようだ。

しかし、ロメロ自身の記憶では、様子はだいぶ異なっている。アルジェント版を観たロメロは、一部の音楽を「ホット」だとは思ったが、それ以外は的外れに感じてしまった。そのため、後の編集でゴブリンによる音楽の大半を落とし、自分でセレクトしたライブラリ音楽と差し替えたという。

各バージョンの編集がどのような順序で行われたのかはよくわからないし、ソフト化の際に音楽だけ差し替えられたといったこともないとは言えない。しかし、ひとつ確かなことは、ロメロにとって既存の音源から適切なものを選び出し、映像にあわせてエディットしていく作業は、作曲家にオリジナル音楽を委嘱するのと同等か、あるいはそれ以上の、決して譲ることのできないクリエイティヴなプロセスだった。

すべてのシーンについてバージョンごとの音楽を比較検討することはここではとてもできないが、ラスト、スティーブンがゾンビ化してからのシーンの音楽に、その違いは顕著である。

アルジェント版では、チャイムの音とともにスケートリンクのゾンビ群が映し出されたのち、エレベーターの扉が開いてあらわれるスティーブンのアップから銃で撃たれるまでの間、それ以前のゾンビ登場シーンで用いられていた曲が流れており、結果として一つながりのアクションシーンとして成立している。

対してロメロ版では、後にエドガー・ライトが『ショーン・オブ・ザ・デッド』（04）でオマージュを捧げ、エンディング曲に使用した象徴的な一曲「The Gonk」が使われている。この曲の音響処理はとても繊細で、見事である。空間によって聞こえ方が変わり、スーパーマーケット内では近く、最上階の部屋では遠くの階下から聞こえる。つまり、「The Gonk」は劇伴ではなく、この場所で実際に流れている音楽である。しかし、ゾンビ化したスティーブンが映ると、ダブミックスばりに歪んだ音色のディレイ効果が加えられ、あたかも機能を停止しつつある脳に聴覚が機械的に情報を送り込んでいるかのような、異様な感覚に襲われる。曲が能天気なだけに、恐さもおかしさも、哀しさもないまぜになったまま、ラストへと放り出される。

私はゴブリンの音楽が良くないと言いたいわけではない。シンセサイザーを駆使した『ゾンビ』アルジェント版の音楽はとてつもなくかっこいいのだが、しかしロメロの世界観にあっているかというと、一片の疑問がのこる。アクションシーンで鳴り響く、ゴブリンのこれぞイタリアン・ロックというサンドは、ピーターとロジャーをヒロイックに演出してしまってはいないだろうか。ゾンビ登場とともにシンセが鳴ってしまうと、ゾンビが生きることも死ぬこともできない哀しい存在にではなく、ただ人間を襲うモンスターに見えてしまいはしないだろうか。つまりは、クラシカルかつカラフルな怪奇映画作家であるアルジェントと、恐怖とユーモアを通じて社会の闇を抉り出そうとするリアリストであるロメロとの大きな違いが、この音楽バージョンの違いに炙り出されているように思われる。

ロメロは前述のテキストを、ライブラリ音楽の作家たちへの賛辞で結んでいる。まだ撮られてもいない、企画が立ち上がってもいない映画のために、想像力を駆使してあらゆる種類の音楽を作り上げ、誰でも手にすることができるライブラリとして残した作曲家、アレンジャー、演奏家たち。名を知られることもなく、讃えられることもないが、その貢献なくして『NOTLD』はなかった。ロメロが丹念に拾い上げた、忘れさられていく運命にある無数の名もなきレコードたち。それはどこか、ロメロ映画でのゾンビたちに似ていないだろうか。

論考

ゾンビウォークからゾンビハンドへ
――ゾンビの左手、人間の右手

後藤護

ゾンビというと「ゾンビウォーク」だの「ゾンビが走った！」だのといって足の動き（あるいは逆説的に下半身が吹き飛んでのたうち回るゾンビ）ばかり注目されるが、個人的には人間に襲い掛かるために突き出された両手の存在感であり、端的に言って『ナイト・オブ・ザ・リビングデッド』（68）で一党が籠城した家の窓を突き破り、押し入ってくる知性なき手の不気味な群れであった。「知性なき」などと敢えて強調したのは相手がゾンビだからという以上に、僕が一応専門とする「マニエリスム」が手と頭を一致させるアートで、マルティン・ヴァルンケの言葉を借りれば「手の仕事の精神化」であるから、ゾンビの精神なき手との対照が際立ったゆえだ（マニエリスムは手《マヌス》と語源的に一致する）。中世くらいまで手仕事の職人としてブルーカラー扱いされていた芸術家が自らを「アーティスト」の域に高めるため、手は手でも「学のある手《ドクタ・マヌス》」（デューラー）であることを16世紀マニエリストは強調した。ヴァルンケの名論攷「手の中の頭」に以下のようにある。「労働をした跡のない、きれいな手と細い指は貴族階級のシンボルだった。手の精神化は芸術家の仕事の貴族化を意味したのである」。

この「手の仕事の精神化」をラディカルに発展させた人物が、『死霊のえじき』（85）で学習型ゾンビ「バブ」を手なづけ、「フランケンシュタイン」と綽名されたローガン博士である。「フランケンシュタイン」と名付けられたのは、手に持ったメスでゾンビを切り刻んで死体実験ばかりしているマッド・サイエンティストだからである。ヴァルンケ前掲論攷を覗くと、マニエリスムは美術のみならず多領域とも連動した時代精神だったようで、「学のある手」は（ローガン博士の先達とも言える）解剖学者アンドレアス・ヴェサリウスの肖像画でも強調され、解

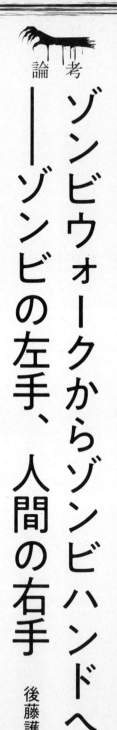

剖された死体の手と一緒に描かれている。ようするに造形芸術と外科術というブルーカラー的汚れ仕事としか見

なされなかったものが一挙マニエリスム時代に知性化・権威化され、現在に至ったのだ。しかしこうやって手と頭を一致させるのはいいが、手が賢くなりすぎると問題だ。ローガンはその手でゾンビを切り刻み、あまつさえ生首だけで生き延びさせたり人間の踏み越えてはいけない倫理を明らかに踏み越えている。

ここでデイヴィッド・J・スカル『マッド・サイエンティストの夢』（98）を繙くと面白いことがわかる。SF映画においてマッド・サイエンティストの狂気は衰えた手、変形した手、移植された手、義手

によって表象されてきたというのだ。フリッツ・ラング『メトロポリス』（27）のロトヴァング博士の義手、そして『博士の異常な愛情』（64）のストレンジラヴ博士は言うまでもない。フロイトも「不気味なもの」（19）という論文で、空想文学の中に常に出て来るモチーフである「体から分離した手」のイメージは、引き裂かれたアイデンティティを表す強力な象徴であると指摘している。手に知性《マヌス》を過充電した結果狂気《マニア》に至ったのがローガンなのである。

『メトロポリス』の名前を出したが、『死霊のえじき』に続く新ゾンビ三部作の第一作『ランド・オブ・ザ・デッド』（05）は、富裕階級と貧困階級の格差を超高層ビルの上と下という垂直性で表現していて実に『メトロポリス』的だ。デニス・ホッパー演じるカウフマンの暮らすビルを最後に襲撃するゾンビ軍団は、現実に九・一一テロの後というのもあってテロリストの表象であろうが、その軍団を率いる黒人ゾンビのビッグ・ダディがガソリン・ステーション勤めという設定から疎外されたブルーカラーのイメージも重ね焼きされている。いわば「手」を汚す仕事のビッグ・ダディと、自らの「手」を汚さず相手をボタン一つで殺してしまうカウフマンの対立である。『メトロポリス』では「手と頭をつなぐのは心です」と言って対立する支配者層と労働者層の融和が図られたが、皮肉屋ロメロは――ポン・ジュノ『パラサイト』（19）に15年先駆けるかたちで――そうした安易な妥協はないとはねつける。

さて、ここで美術史家アンリ・フォシヨン（その義理の息子は澁澤龍彦が愛したリトアニアの異端児ユルギス・バルトルシャイティス！）の「手を讃えて」というテクストを導入してゾンビハンド論を深めたい。この霊感にあふれた文章で、フォシヨンは手は単なる頭の奴隷ではなく、各々が個性をもった生命で、宇宙との接触さえ可能にすると言う。「世界を手にすることは、いわば触覚的な勘を必要とする。……手の働きは空間の後退を測り、またそこを占めている事物の密度をはっきりさせる。表面、量感、濃度、重さは視覚的な現象ではない。人間がまず知ったのは、指の間で、たなごころの凹みにおいてのことなのである」。にもかかわらず、マニエリスム・アートは手に過剰に頭（知性）を注ぎ込んで人間性喪失の人工芸術になりはてて、終いにはその手を暴走させてローガン博士のような切り裂き魔《リッポマニア》のマッド・サイエンティストを生み出すのである。

ということを踏まえたうえで、冒頭の『NOTLD』のゾンビの無数に突き出す手について考えてみたい。ひとまずフォシヨンの以下の箴言が多大なヒントになろう。「左手《マン・ゴーシュ》に「不器用《ゴーシュ》」なところがあるのは高度な文明にとって明らかに必然的なことである」。文明を形作ってきた器用な右手が、その「右手の優越」（ロベール・エルツ）に溺れて知性過剰になり果て道を誤ったとき、不器用な左手の遅さがバランスを取るのだ。その意味でロメロが『NOTLD』で描いたゾンビのスローでたどたどしい手とは、殺戮された左手の呪いである。

　ところで「道具は手の延長」とはよく言われることで、フォシヨンは「手と道具の間には決して終わることのない親密な交わりが開始される」と書きつけた。ロメロ映画のゾンビも例外ではない。『NOTLD』ではゾンビが石で車の窓を叩き割り、『ゾンビ』（78）ではライフルを奪い取り、『死霊のえじき』ではいよいよ銃の使い方を覚え、『ランド』ではより高度な武器さえ使いこなし、最終作『サバイバル・オブ・ザ・デッド』（09）では車のエンジンをかけ運転するに至る（！）など、ロメロゾンビは手を道具に睦ませることで明らかに文明化・人間化しつつある。『2001年宇宙の旅』（68）で猿が手に持った骨が四百万年分のジャンプカットで瞬時に核ミサイル衛星に繋げられ道具（武器）の発展史が描かれたように、はたしてこの文明化するロメロゾンビもいずれ自分の出自たる左手の恩恵を忘れて、右手の器用さでのし上がった人類の愚行を繰り返す「猿以上の猿」（ニーチェ）になってしまうのか、それはわからない。

　唯一言及しなかった『ダイアリー・オブ・ザ・デッド』（07）についても最後に一言。本作はPOV作品で、主人公ジェイソンが手に持つカメラは道具は道具でも「手の延長」ではない。それはもはや目の延長、冷徹な知性の延長であり、ローガン博士がメスを持つ手と何ら変わらない。頭の中が撮影・編集でいっぱいのジェイソンが誰かに「手」を貸すことはない。「手と頭をつなぐのは心です」という『メトロポリス』の臭いセリフは、存外ゾンビ映画から学ぶべき教訓であるかもしれない。

インタヴュー

ゾンビを演じる

稲継美保＋山崎朋

ゾンビを演じるとはどういうことか。動きながらも死体であるゾンビという身体とはいかなるものか。現代演劇の俳優である稲継美保さんと、舞踏やマイム、コンテンポラリーダンスを学んだ背景を持つ山崎朋さんに話を聞きました。（取材・構成　編集部）

――「演じる側から見たゾンビ」についてお聞きしたいと思います。

稲継　ゾンビって死体じゃないですか。よく考えたら死体が動くというときにああいう表現になるのは不思議ですね。ロメロのゾンビを見た限りでは、「軽い」というか割と動けてる。最初にゾンビ映画を撮ったとき、どうやってゾンビの演技指導したんだろう。

――たとえばゾンビを演じる人たちに演技指導をするとしたらどう言いますか。

稲継　役者の分かれ目として「役作り」をどう捉えるかというのがあると思っていて、誤解を恐れずに言うと私はアンチ役作り派なんですね。「役作り」というのが何を指すかというのは非常に難しいところですが。「役」というものがあってそれに共感を持って近づこうとするというのにあまり面白みがないと思っていて。演技というと『ガラスの仮面』的な「なりきる」イメージがあると思いますし、それは今でも演劇の主流の考え方のひとつではあります。メソッド演技というハリウッドなんかでも使われているものですね。

――履歴書作るみたいなやつですよね。

稲継　自分の経験した感情やリアリティを重要視して演技を構築していくやり方だと思うのですが、ゾンビに「なりきる」のは不可能じゃないですか。ゾンビには感情がないし、架空の生き物だから。ではゾンビの役が来たときにどうするのかというと、まずはなりきろうとしないことじゃないですか。なりきろうとすると、逆に「ゾンビになろうとしている人」が現れる気がする。ゾンビをやろうとしている自我が見えたら全くゾンビじゃない。

だから「なりきる」じゃないアプローチで考える。

山崎　ゾンビって脳から身体への指令がおかしくなってるんじゃないですか。いわゆるダンスではいかに身体をコントロールして生き生きと見せるかという価値観がありますけど、舞踏にはそのアンチをいく考え方があります。いかにコントロールできない状態であるか。予測できないような動きが出てくることで「気味の悪さ」にも繋がるんじゃないかな。

稲継　ふと思ったんだけどゾンビって結構アクティブだね。いわゆるJホラーだと「そこにいること」自体の怖さが強くないですか。でもゾンビはずっと移動している。

山崎　物理的に襲ってくるし。

稲継　日本にはゾンビがないですよね。火葬と土葬の違いなんですかね。死者が蘇るときに、日本ではもう肉体が無いから幽霊になる。

——それはあるみたいですね。それとキリスト教的な話で、ゾンビは不死者になるので、最後の審判の際に救われる対象にならない。そういう恐怖があるとか。

山崎　復活するために土葬されていたのに、醜く蘇ってしかも人を襲うという絶望はあるかもしれないですね。永遠に苦しみ続けるみたいな。

魂の不在と欲求の存在

稲継　ゾンビは魂がないですよね。

山崎　欲求だけがあるんですね。

稲継　ゾンビの欲求は基本的には人を食べたいということだけなんですかね。

山崎　設定としてひとつ、それはあるかも。生きてる人間を見つけたら何をしていようとそちらに行ってしまうとか。欲求がむき出しに出ている。対照的に、思うように動かしきれない身体がある。その相反する何かなんでしょうね。

稲継　欲求が設定されてないと演じられなかったのかも。何もない状態でゾンビをやってくださいといっても人間になっちゃう。人間を食べるというモチベーションはあるけど、動きが不自由だからちょっと引き裂かれる。そこがゾンビを保つポイントなのかもしれない。

——脳と身体が綺麗に繋がってない感じはありますよね。

稲継　前に、参加していた劇団でゾンビワークショップというのをやったんですよ。一歩歩くごとに体が真ん中から裂けていくイメージで、セリフを言いながら歩く。歩くたびに欠損していくんだけど、それを食い止めたいという力も働いて、あれがゾンビなのかはわからないけど、歪な身体は現れた気がする。

洗練されることで消えていく身体

稲継　セリフを発する身体への負荷のかけ方として、「引き裂かれた状態」とかアンコントローラブルみたいな、舞踏の手法に近いものが2000年代くらいから現代演劇で取り入れられていった印象があります。キャラクターとしての「役」ではなくパフォーマンスしてる「役者」自身の身体が舞台に居るという考え方とセットだったと思いますが。例えば、私たちはそれぞれに普段意識していない動きの癖みたいなものがありますよね。舞台では癖の取れた洗練された動きになりがちだけれど、その結果ノイズのない切実性のない身体になってしまう。かといって普段の癖をそのまま乗せてもねということで、動きを増幅させていったり、意識的に表現として使ってみる。役者の想像力や身体性に重きを置いて、ノイジーでグルーヴィーな状態が生命として切実で説得力があるという考え方の舞台には、私も多く触れてきました。

山崎　合理性とか効率性と逆の発想なんでしょうね。矛盾した状態を作る。

稲継　洗練させることで身体性が消えていくんですよね。バレエが究極だと思うんですけど。あれは天空に行きたいという踊りだから。

山崎　身体そのものというよりは、概念に近づいていく。

稲継　ダンスでいえばなるべく接地面を少なくして、軽く、力を感じさせないのが西洋的な美の絶対基準としてあります。コンテンポラリーダンスなど違うことをしている人もいるけれども。日本では「腹が据わる」とか、かっこいい人は重心が低いイメージがありますよね。ロメロのゾンビを見て「軽い」と思ったのもそこな気がします。欧米の方は足が長かったりしてそもそも重心が高い。

山崎　舞踏のワークショップには欧米の方も多いんですけど、見慣れている日本人の身体とはどこか違うなと思うことがある。舞踏では重心とか重力のことをよく扱っていますが、それらを頭で理解しているかどうかとは別に、身についた身体性の差異を感じますね。

稲継　ゾンビは西洋の死体の扱い方という気がする。そこが好きなポイントでもあるんですよ。ファンタジーに見えて何か笑っちゃう。ぞわっと怖いかというと、やっぱり貞子のように這ってくる女みたいな方が怖い。

止まれないことと無表情であること

稲継　「これであなたもゾンビができる」みたいな要素としては、まず「欲求がある」。そして「止まれない」。人間を食べたいという欲求がまず重要だよね。

山崎　欲求に対して素直ですよね。理性で抑えたりはしない。

稲継　ゾンビって止まらないですよね。閉じ込められてもずっとぐるぐる動いてたり。止まるって実は結構コントロールしている状態だからかな。止まることはできないし走ることもできない。

山崎　「止まれない」をやるのは、実は難しいことですね。「次に何やろう」って考えた瞬間にその思考が見えてしまうから。演者の自意識が見えたら残念でしょう。

稲継　歩き続けなきゃいけない。それだけでだいぶゾンビになる気がする。走れないのは何だろうね。そこで「軽い」という話に戻るんですけど、重たそうには見えないんだよね、歩いてるところを見ても。重たいから走れない、という風には見えない。走れないのはむしろ座れないのと同じ理由な気がする。走るとか座るとかって実は複雑で制御された動きだから。

山崎　関節が曲がらないとか肉体的な理由に加えて、全身の統率が困難なんでしょうね。

稲継　顔は割と脱力だよね。いきなり口が開いたり歪んだり、過剰に引き攣るみたいなことがあってもよさそうだけど。そこも西洋的ですね。日本の舞踏家がゾンビをやるとしたら、まずやばい顔を作ると思う。

――大槻ケンヂの『ステーシー』という小説では少女たちが死んでゾンビになると、最初に起こる反応が目玉がぐるぐる回る。次に舌がぐるぐる動く。それも日本的な発想かもしれませんね。

稲継　昔習っていたダンスの先生によると、西洋のダンサーが苦手な表情、それは無表情。「ここは無表情で踊ってください」と言うと「無表情という表情」を作っちゃうらしくて。裏を返せば彼らにとって無表情ってすごく違和感のあるものなんじゃないかな。
山崎　だから異質なものとしてのゾンビは「無表情」になる。
稲継　死んでる＝無表情。舌をベロベロさせたりしたら生き生きして見えちゃう。でも脳の指令がおかしくなってるのがゾンビだとしたら、我々にとっては目玉がぐるぐるしたりするのはリアルに思える。
山崎　見え方が文化圏によって違うんでしょうね。
稲継　普段から表情が豊かな人たちにとっては、それが奪われるのが死の象徴なのかもしれない。
――欧米ではマスクに抵抗がある人が多いのも、それと関係あるかもしれないですね。
稲継　「生」の部分なんでしょうね。そこが覆い隠されるのがものすごいストレスになるのか。ゾンビの「死体が歩く」というコンセプトは舞踏に近いようで、文化とか宗教とか身体に対する感覚が決定的に違うから、もし本当に舞踏のメソッドでアプローチすると全然別の「Jゾンビ」が出てくるでしょうね。もっと予測不可能な。
山崎　痙攣だったり、欠損だったり、やり方は色々ありそうですね。
稲継　西洋のゾンビを演じるために必要なのは欲求＝動くモチベーションがひとつしかないということと、ただ運動であること。ソリストじゃないというのも重要かもしれないですね。集団でないとゾンビに見えない。『ナイト・オブ・ザ・リビングデッド』の最初に一人で出てくるけど、一見ちょっと変わった人くらいにしか見えない。一人だと遠目には人間に見えるけど、4体くらいいるとゾンビっぽくなる。ゾンビって集団で生きて（？）るものなんだね。だから増やしていくのか。
――わらわら来るイメージはありますね。
稲継　一人の最強のゾンビよりも、弱くても大量のゾンビのほうが絶望感を感じさせる。
――「この世の終わり」感がありますね。
稲継　終末というのもキリスト教の発想ですよね。こういう終末だとは思わなかったみたいな。永遠に救われない形で蘇ってきちゃう。救済の物語としては最悪ですよね。
――「地獄がいっぱいになってしまって地上にあふれてきた」という有名なセリフがあります。
稲継　だからさまよえる感じになるのかな、地獄にも居場所がないから地上の地獄化を目指す。話せば話すほど非常に西洋的なものだとわかってきましたね。

DNA

ロメロの遺伝子

そもそも「ゾンビ映画」というものがジョージ・A・ロメロの発明である以上、あらゆるゾンビ映画はロメロの影響下にある。とはいえ近年のゾンビブームを受け、膨大な数の作品が作られている現在、いまやロメロから直接的な影響は感じられないものも少なくない。
ここでは、特にロメロの精神を受け継ぐ正統派ゾンビ作品をはじめ、コメディ要素や新奇な設定のゾンビ、『ゾンビ』(78)の大ヒットを受けての便乗作品、邦画、ロメロからゾンビ以外の部分に影響を受けた作品、そして映像作品以外でロメロの影響下にある作品や人物を紹介していく。
もちろん、ここで紹介しているのは厳選した氷山の一角だ。ぜひ、これを手がかりに、ゾンビ映画という果てしなき大海へと漕ぎ出してほしい。

ウォーキング・デッド

The Walking Dead
2010～　アメリカ
原作　ロバート・カークマン、トニー・ムーア、
　　　チャーリー・アドラード
出演　アンドリュー・リンカーン

ロメロの『ゾンビ』を観ていなくても『ウォーキング・デッド』は観たことがある！　という層も多いのではないだろうか。グラフィック・ノベル「ザ・ウォーキング・デッド」を原作とした、ゾンビ・ジャンルの中でも極めて高い知名度を誇るTVシリーズ。全11シーズンが予定されている。先読みできない人間ドラマを主軸に据えたことで、ホラー作品を敬遠する一般層に門戸を開放。その上で、ロメロ作品と関係の深いグレッグ・ニコテロのエピソード監督への登用や、過去の作品にオマージュを捧げた造型のゾンビの登場などで、コアなホラー・ファンからの支持も得た。この隙の無い構えこそが、シリーズが大ヒットを遂げた要因だろう。（恵木大）

ワールド・ウォーZ

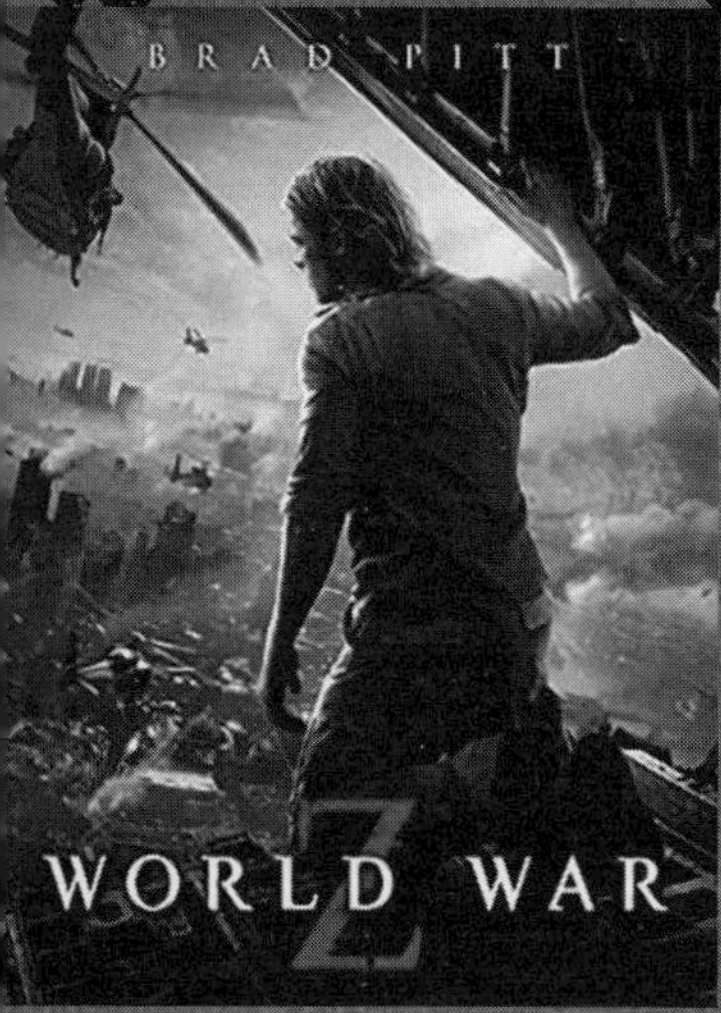

World War Z
2013　アメリカ
原作　マックス・ブルックス
監督　マーク・フォースター
出演　ブラッド・ピット、
　　　ミレイユ・イーノス

マックス・ブルックスによる同名小説の映画化。原作はゾンビ・アウトブレイクを戦争として捉え、世界各国の証言を収集することで「ゾンビ戦争」の全体像を記録する……という疑似ルポタージュであり、その斬新な切り口が話題となった。しかし映画は真逆のアプローチをとり、ブラッド・ピットを主演に据え、一人の男がゾンビ禍に立ち向かう姿を描いている。凡庸な作品になるかと思われた映画版だが、何万という数のゾンビが群れを成し、まるで津波のように襲い来るビジュアルは、従来の「ゾンビ＝集団の恐怖」という概念を遥かに超え「ゾンビ＝災害」と再定義させるまでに強烈なインパクトを放った。結果として原作も映画も、ゾンビ・ジャンルに一石を投じた作品となった。（恵木大）

新感染半島　ファイナル・ステージ

반도
2020　韓国
監督　ヨン・サンホ
出演　カン・ドンウォン、イ・ジョンヒョン

ヒットした『新感染 ファイナル・エクスプレス』(16)の続編。限られたシチュエーションの中で繰り広げられるドラマが秀逸であった前作から一転、今回は振り切ったエンターテイメントになっている。この映画は最初と最後の各10分が、絵に描いたような正統派の「ゾンビ映画」だ。そして間に『マッドマックス』なテイストとカーアクションの派手な部分を挟むという荒技で、新しい感覚の娯楽映画に仕上げようとした印象である。そのため世間では賛否両論だが、ポスト・アポカリプスものとしての映画的クオリティは高い。また今作ではロメロ的な現実社会とリンクするような風刺は無くなっているものの、ラストは『ゾンビ』への直球オマージュとなっている。（森本在臣）

ソウル・ステーション　パンデミック

本作は『新感染 ファイナル・エクスプレス』の前日譚であり、韓国産ゾンビ・アニメーションという変わり種である。後の実写二作品よりもリアルな社会風刺が強く、そういった意味ではヨン・サンホ作品の中では最もロメロに近いテイストと言えるだろう。韓国ならではの格差問題を、良い意味で魅力的とは言えない造形のキャラクター達で描くことによって、深く重いドラマ性を浮き上がらせている。その反面、アクション的なカタルシスや盛り上がりが無く、ひたすら陰鬱なムードに包まれているので、観る人を選ぶ作品ではある。恒例の細かい伏線や、エンターテイメントとしての面白さはすでに確立されているので、シリーズのファンは必見。（森本在臣）

Seoul Station
2016　韓国
監督　ヨン・サンホ
出演　シム・ウンギョン、イ・ジュン

ゲット・アウト

Get Out
2017　アメリカ
監督　ジョーダン・ピール
出演　ダニエル・カルーヤ、
　　　アリソン・ウィリアムズ

「差別を受ける」「陽気」「お助け役」……。多くの人間が映画における黒人男性の役割について、このような固定観念を抱いていることは否めない。それを指摘した映画が『ナイト・オブ・ザ・リビングデッド』だ。黒人青年ベンは冷静に状況に対処し、リーダーシップを発揮する。この人物設計を「意外だ」と思った鑑賞者の心にこそ、根深い差別感情が潜んでいる。ロメロはそう暴いてみせた。その半世紀後、同様のアプローチを行った作品が『ゲット・アウト』だ。「捻りの効いたホラー」として絶賛されたが、それは「黒人は白人に差別されるもの」という固定観念ありきの「予想外の展開」なのだ。仮に全てのステレオタイプが我々から撤廃されていたら成立しない作品だ。だが、そうではないことをジョーダン・ピールは鮮やかに指摘してみせた。（恵木大）

ラストハザード 美しきジハード

Zombies Anonymous
2006　アメリカ
監督　マーク・フラット
出演　ジーナ・ラムスデン、
ジョシュア・ネルソン

もしゾンビが人間性を失っていなかったら？　という視点で作られた異色作。社会に復帰しようとも「不衛生」と就職を断られ、街を歩けばゾンビ差別主義者に石を投げられる。人間性はあるのに人権を喪失している。そのような「被差別者」としてのゾンビが語られる。低予算を逆手に取り、差別を受けないために血色を良く見せようとメイクに励む姿や、ゾンビ自助グループといった、我々の日常と地続きに思える地味な描写を重ねることで、社会的なテーマを浮き彫りにする手法がとにかく見事。終盤にはゾンビ差別主義者とゾンビの血みどろ抗争シーンも用意されている。社会批判性、そして残酷と、ロメロが「リビングデッド・サーガ」に込めた要件を見事に満たしている快作だ。（恵木大）

ゾンビ・アット・ホーム

In The Flesh
2013　イギリス
監督　ジョニー・キャンベル
出演　ルーク・ニューベリー、エミリー・ビーバン

ゾンビ化が疾病として描かれる。その名も「部分的死亡者症候群（ＰＤＳ）」。主人公キーレンは政府による治療を受けて家族のもとへ戻る。しかし、町では反ゾンビの感情が渦巻いており……。英ＢＢＣが製作したテレビシリーズ。伝染病に罹患した患者やその家族に対する差別が直接的な題材だが、さらには帰還兵への差別に、本人が抱えるＰＴＳＤなど、ゾンビ青年の姿を通して多くの社会問題に切り込んでいる。「家庭内ゾンビ映画」としてはトム・サヴィーニが特殊効果を務めた『デッド・オブ・ナイト』（74）や『August Underground』（01・未）のフレッド・ヴォーゲル監督が制作した『Sella Turcica』（10・未）等が存在しており、ゾンビ映画群においてサブジャンルを形成している。（恵木大）

iゾンビ

リヴは将来有望な研修医。しかし、あることが切っ掛けでゾンビになってしまう。彼女が人間性を保ち続ける方法、それは死者の脳ミソを食べること。脳ミソを食べることで持ち主の記憶を得られることに気づいたリヴは「ゾンビ探偵」として、被害者の脳ミソを食べながら難事件に挑む。「脳ミソ〜」と叫びながら生者を追う『バタリアン』の落とし子と言えなくもない、変わり種ゾンビ・テレビシリーズ。『バタリアン』は『ＮＯＴＬＤ』の非公式続編なので、ロメロからしたら認知していない孫のような存在か。ゾンビ・ロマコメ『ウォーム・ボディーズ』（13）でも脳ミソを食べて記憶を追体験する描写がある。どちらもハートウォーミングなトーンの作品だが、他人の記憶を集積した死体という存在は、とてもブキミだ。（恵木大）

iZOMBiE
2013　アメリカ
エグゼクティブプロデューサー　ロブ・トーマス、ダイアン・ルッジェロ
出演　ローズ・マックィーバ、マルコム・グッドウィン

悪魔の墓場

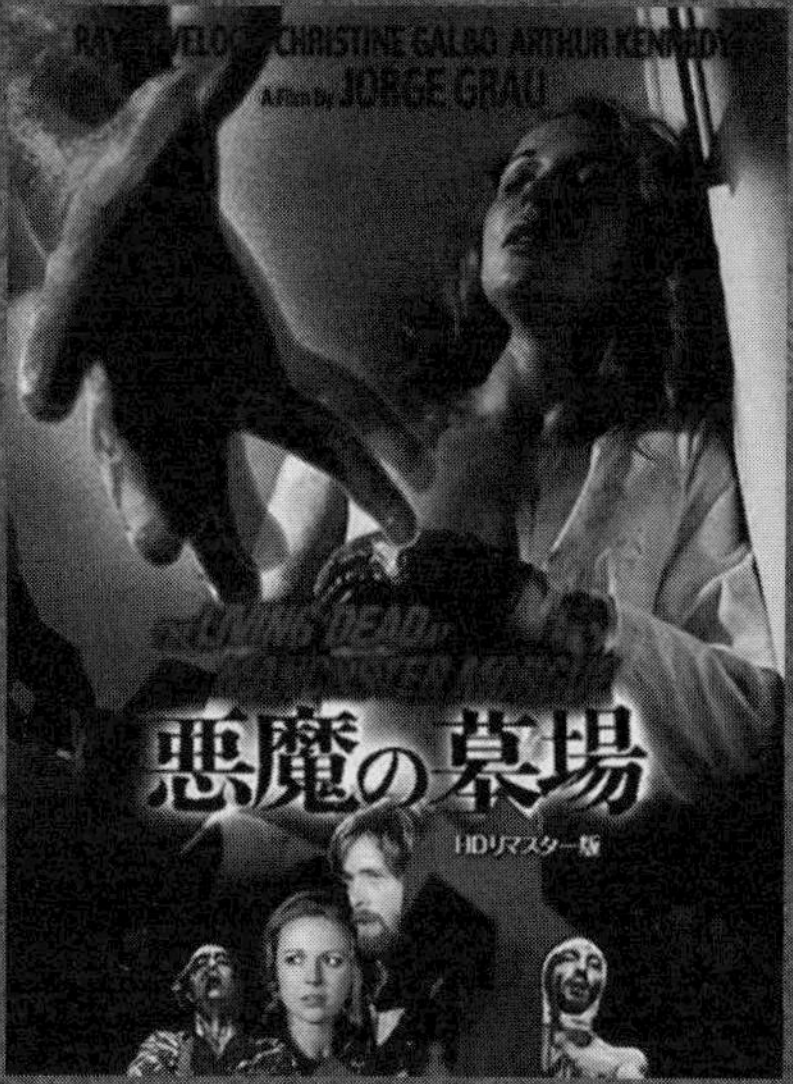

Non si deve profanare il sonno dei morti
1974　イタリア、スペイン
監督　ホルヘ・グロウ
出演　レイ・ラヴロック、アーサー・ケネディ

74年という、『NOTLD』と『ゾンビ』の間の空白を埋めるのみならず、日本で初めて公開された本格的なゾンビ映画としても歴史的重要作。害虫駆除の超音波によって死者が蘇り、警察により容疑者扱いされてしまう主人公が奔走する話なのだが、徹底してシリアスでダークな雰囲気にまとまっている。昨今のゾンビ映画に見られるようなコミカルな要素は皆無で、ストレートに「生ける屍」の恐怖を描いている稀有な映画だ。また、ジュリアーノ・ソルジーニによる音楽が、呻き声や電子音のアヴァンギャルドなものから、オープニングの軽快なレア・グルーヴなど、かなり尖っていてかっこいいのでサントラは必聴である。（森本在臣）

バタリアン

The Return of the Living Dead
1985　アメリカ
監督　ダン・オバノン
出演　クルー・ギャラガー、ジェームズ・カレン

原題は『The Return of the Living Dead』で、作中の台詞にも『NOTLD』が登場することからもわかる通り、ロメロの生み出したゾンビという設定への全力の新回答となっている。コミカルさを加味し、それぞれのゾンビの個性や、脳みそを食べる等の新ルールの付与もありつつ、ゾンビという存在の社会的な恐怖を見事に描いている点は、凡百のゾンビフォロワー映画には無い重要なポイントである。ロメロのゾンビが持つ社会派な側面を残しながら、テンポの良い一級のホラー・コメディとして昇華させた作品として、後世へ絶大な影響を与え続けている。今では定番かつ伝説となった本作のオチも、この時点では革新的なものであった。（森本在臣）

ショーン・オブ・ザ・デッド

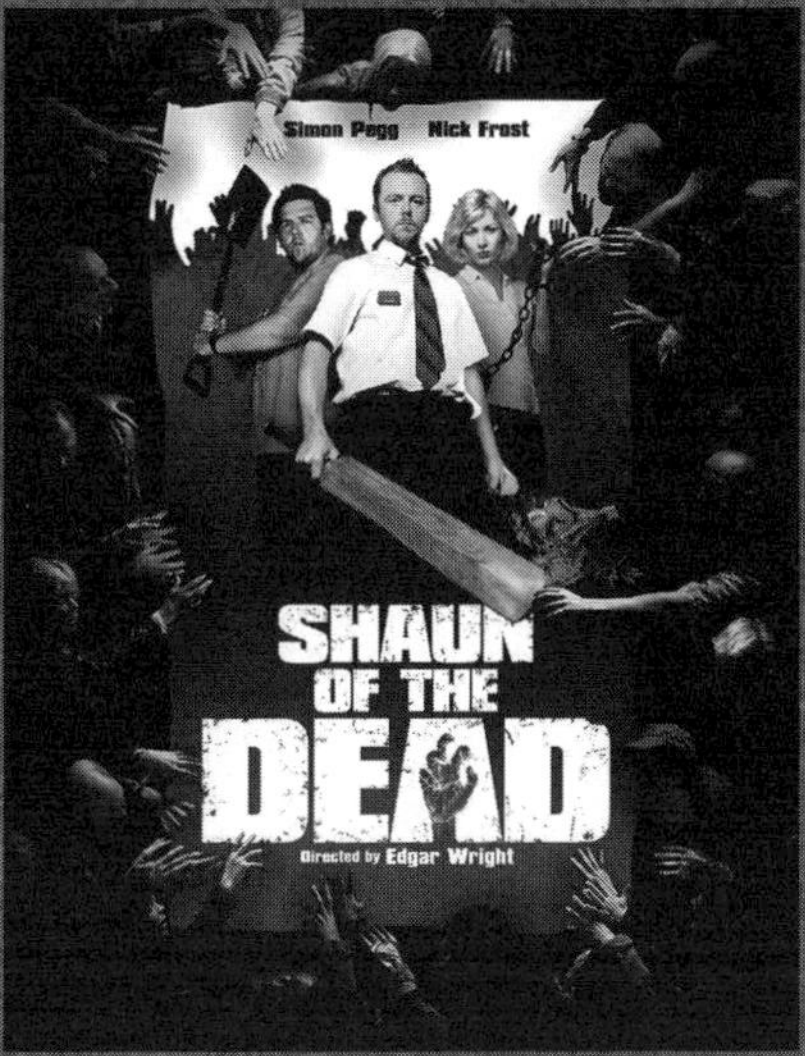

エドガー・ライトの出世作『ショーン・オブ・ザ・デッド』は、突き抜けたコメディ路線のゾンビ映画である。技術的にもすこぶる洗練されており、凝ったカメラワークやテンポの良い展開、散りばめられた細かい伏線を回収するストーリーと、娯楽映画として純粋に大傑作と呼べる作品である。また、重要なのは、全編通してこの映画がロメロ作品への愛あるリスペクトに満ちていることであろう。登場人物や店の名前、『死霊のえじき』の名シーンの完コピ、そして社会風刺の描き方等、数えたら枚挙に暇がない。この強烈なラブ・コールはロメロに届き、監督のエドガーと主演のサイモン・ペッグは『ランド・オブ・ザ・デッド』にゲスト出演している。（森本在臣）

Shaun of the Dead
2004　イギリス
監督　エドガー・ライト
出演　サイモン・ペッグ、ケイト・アシュフィールド、ニック・フロスト

ゾンビ革命　フアン・オブ・ザ・デッド

ゾンビのパロディ作品として英国を舞台にした『ショーン・オブ・ザ・デッド』があるが、こちらはそのスタイルをまんまキューバに置き換えたもの。ショーンがアイリッシュ系の一般的な男性名だったように、フアンはスペイン系のそれに相当する。

舞台はゾンビが蔓延したキューバの港町。40代無職の主人公は、あるときゾンビ退治屋の開業を思いつく。使用する武器は亡命用のいかだのオールだ。つまり、英国のショーンがクリケットのスティックでゾンビをぶっ叩いていたように、キューバのフアンはオールでゾンビを蹴散らすってわけ。ハバナの革命広場にゾンビを大量に誘導し、ロープで一斉に首を落としていくシーンは必見だ。（とみさわ昭仁）

Juan de los Muertos
2011　キューバ
監督　アレハンドロ・ブルゲス
出演　アレクシス・ディアス・デ・ビジェガス、ホルヘ・モリーナ

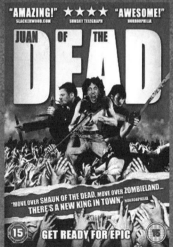

カミングアウト・オブ・ザ・デッド

ZMD: Zombies of Mass Destruction
2010　アメリカ
監督　ケビン・ハメダーニ
出演　ジャネット・アーマンド、ダグ・ファール

原題は単に「ゾンビ大破壊！」くらいな意味だけれど、「オブ・ザ・デッド」を付けりゃなんでもゾンビ映画になるというわけで、こんな邦題の作品が誕生。冒頭で、里帰りした主人公の青年が母親にパートナー（男性）を紹介しようとする。「母さん、思い切って言うよ。僕、実はゲイなんだ……」しかし、母さんの様子が少しおかしい。「ヴォェ、ヴォェェ」「か、母さん?」「ヴォェェ」と、母さんすでにゾンビとなっていたのだった。

アメリカの農村部に根強い保守的な空気やマチズモ、レイシズムなどへのアイロニーでもあるわけだが、それが作品に十分活かされているとも思えないのは残念なところ。（とみさわ昭仁）

ボーンヤード

The Boneyard
1998　アメリカ
監督　ジェームズ・カミンズ
出演　エド・ネルソン、ノーマン・フェル

とある死体安置所に、刑事、霊能者おばさん、自殺未遂の死にかけ女性といった、一癖も二癖もある人たちが集まってくる。そこに運ばれてきたのは中国人の子供の遺体。これが実はゾンビで、居合わせた人々を襲うわけだが、この映画におけるゾンビは「噛まれても感染しない」という設定になっている。では、どうしたら感染するのかというと、ゾンビの肉を食うと感染するのである。

そんなもん喰うわけねーだろ！　まあね。普通の人間なら、死者の腐肉なんて喰うわけがない。ところが、ここに可愛いプードルちゃんが登場。愛玩犬といってても所詮はケモノ。無邪気にゾンビ肉を食べて、プードルゾンビモンスターが誕生するのだった。（とみさわ昭仁）

ゾンビランド

死体が動いて人間を食べることが非日常でなくなった世界では、個々人が各々の経験だけに基づいた独自のルールに従って生き抜くしかない。アナーキーな順応とでもいうべき状態のなか、行きがかりで旅の道連れになった四人は、幾多のゾンビ映画でも繰り返された「新天地を求めていったらヒドい目にあう」という愚かな試みにおいて、家族のような結びつきを見出す。スピードも速く獰猛なウィルス性ゾンビだから、倒せる怪物、克服可能なパニックとして対峙できる。それゆえに共に危機を乗り越えた者たちの間に絆が生まれる。ロメロが描く愚鈍なゾンビに対面した時、人は、自分もまた動く肉袋に過ぎないという事実に直面する。そこに感動の生まれる余地はない。（宇波拓）

Zombieland
2009　アメリカ
監督　ルーベン・フライシャー
出演　ウディ・ハレルソン、ジェシー・アイゼンバーグ、ビル・マーレイ

サンゲリア

ロメロの『ゾンビ』が大ヒットし、真っ先に便乗したのがこの映画。監督に抜擢されたフルチはしかし、ただの二番煎じに終わらないどころか、後のゾンビ映画へさらなる影響を与えるほどの怪作を作りあげた。本作が画期的なのは、ロメロのゾンビが、青ざめたメイクの比較的綺麗な死体を描いていたことに対し、徹底的に損壊した「腐ったゾンビ」という新しい存在を打ち出したことだ。確実に『サンゲリア』以降で、ゾンビが持つ五感に訴えるようなグロテスクさは強化されたのである。他にも、眼球木片のシーン、ゾンビ対サメのシーン、無許可ゲリラの橋のシーンなど、見どころだらけで最後まで息をつく暇もない展開の歴史的大傑作となっている。（森本在臣）

Zombie
1979　イタリア
監督　ルチオ・フルチ
出演　イアン・マカロック、ティサ・ファロー

サンゲリア2

Zombi 3
1988　イタリア
監督　ルチオ・フルチ、ヴィンセント・ドーン
出演　デラン・サラフィアン、ビアトリス・リング

『ゾンビ』に便乗した『サンゲリア』が大ヒットし、すでに伝説的作品とされ始めた80年代後半に突如発表されたフルチによる正統続編である。が、『サンゲリア』の衝撃を期待していた当時のゾンビ・ファンたちは、そのあまりにもグレードの落ちた出来に意気消沈。長らく駄作として低い評価を下されてきた映画である。しかしながら、今観てみると、決して悪い出来ではない。良い意味での粗さとスピーディーな展開は観ていて純粋に楽しい。フルチが途中降板し、本作にそっくりな『ヘル・オブ・ザ・リビングデッド』(80)を撮ったヴィンセント・ドーンが追加撮影を行ったというのが通説となっているが、フルチ自身は否定しており、真相は藪の中である。(森本在臣)

ゾンビ3

The Nights of Terror
1979　イタリア
監督　アンドレア・ビアンキ
出演　カリン・ウェル、ジャンルイジ・チリッチ

正統(?)的には『サンゲリア2』こそ『ZOMBI3』なのだが、『サンゲリア』の直後に発表されたこの便乗映画のことを我が国では『ゾンビ3』と呼んでいる。ジャッロの名作『Strip Nude For Your Killer』(75)を撮ったアンドレア・ビアンキが監督を務めており、『ゾンビ』とも『サンゲリア』とも違う、ダークで病的な不気味さが全編を覆っているのが特徴。ロメロが描いた死者が動くことの根源的な恐怖を、『サンゲリア』が打ち出した腐臭漂うゾンビで描くことにより、オリジナルな気持ち悪さを確立してしまった作品である。そういう意味では『悪魔の墓場』の怖さに近いが、全体的に粗雑なぶん、本作のキワモノなイメージは強調されている。不気味なゾンビ映画としては最高傑作。(森本在臣)

ゾンビ4

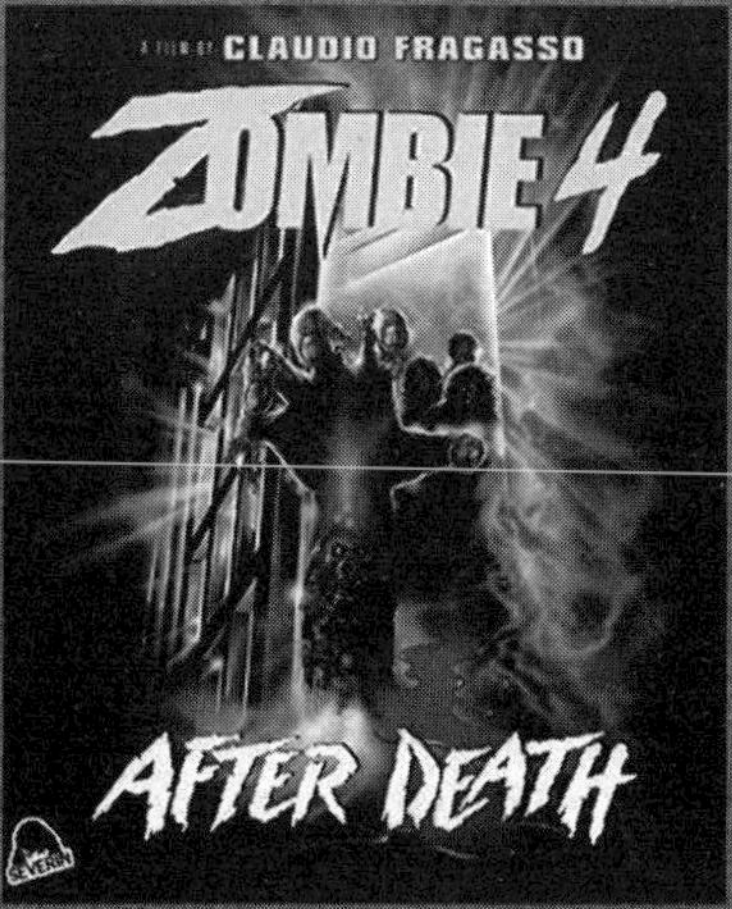

88年に『サンゲリア2』と並行する形で作られた本作。『サンゲリア2』の姉妹編のような立ち位置なのだが、ここまでくるとロメロの影響というものが薄れまくり、「ゾンビ」という設定のみが微かに残っているだけという、成れの果て感を味わうことができる。他の映画からの影響も強く、『ヘル・オブ・ザ・リビングデッド』を始め、『デモンズ』（85）や『バタリアン』をも取り込んでいるのが興味深い。ストーリーも造形も何もかもがチープであるけれど、それを承知の上で観ればつまらない映画というわけではない。ロメロのゾンビという設定の発明は、こういう映画でも何とか面白くすることができる装置として、優秀なのかもしれない。（森本在臣）

After Death
1988　イタリア
監督　クライド・アンダーソン
出演　チャック・ペイトン
　　　キャンディス・デイリー

キリング・バード（Zombie 5）

もともとはミケーレ・ソアヴィが手がける予定であったが、『デモンズ3』（89）の製作のため手が離せず、ソアヴィの元で助監督をやっていたクラウディオ・ラタンツィがメガホンを取った本作。もはやロメロの遺伝子はゾンビという存在のみである上、肝心のゾンビの活躍も少ない。野鳥研究会の大学生たちが森の廃屋でゾンビに襲われるだけのストーリーであるが、冒頭10分のシーンでは露骨にジャッロを感じさせてくれる。初期のアルジェント作品は動物を絡めたものが多いので、本作の鳥の扱いはその影響であろう。また、『ザ・フォッグ』（80）を彷彿とさせるシーンもあり、ゾンビ映画が他の作品の要素を吸収しながら変異していく様子が窺い知れる一サンプル。（森本在臣）

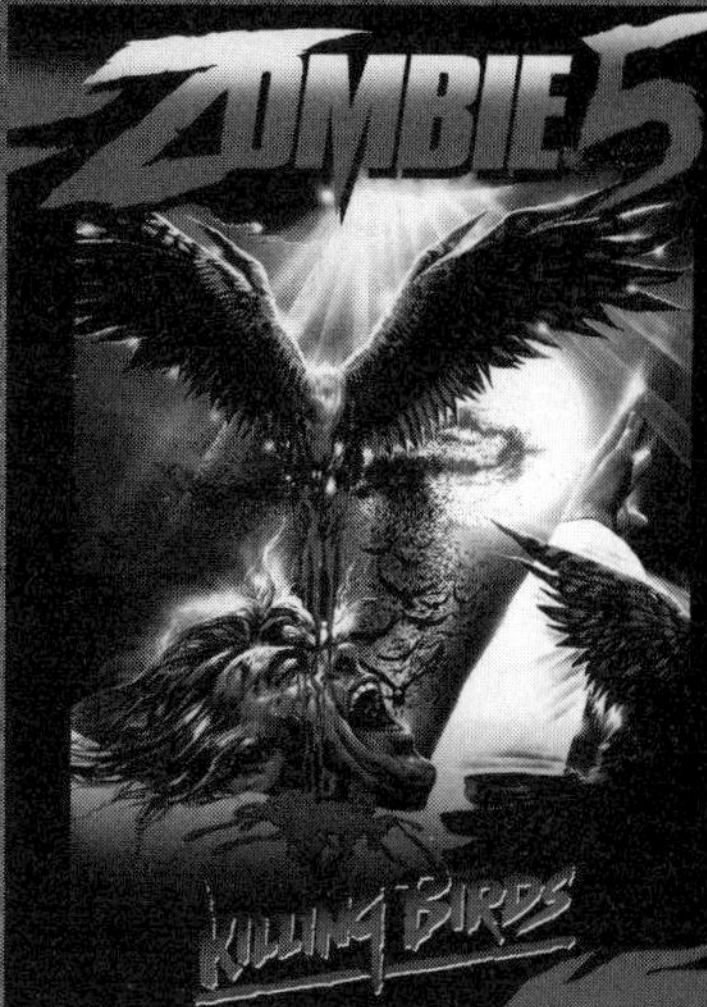

Uccelli Assassini
1987　イタリア
監督：クラウディオ・ラタンツィ
出演　ララ・ウェンデル、ロバート・ヴォーン

STACY ステーシー

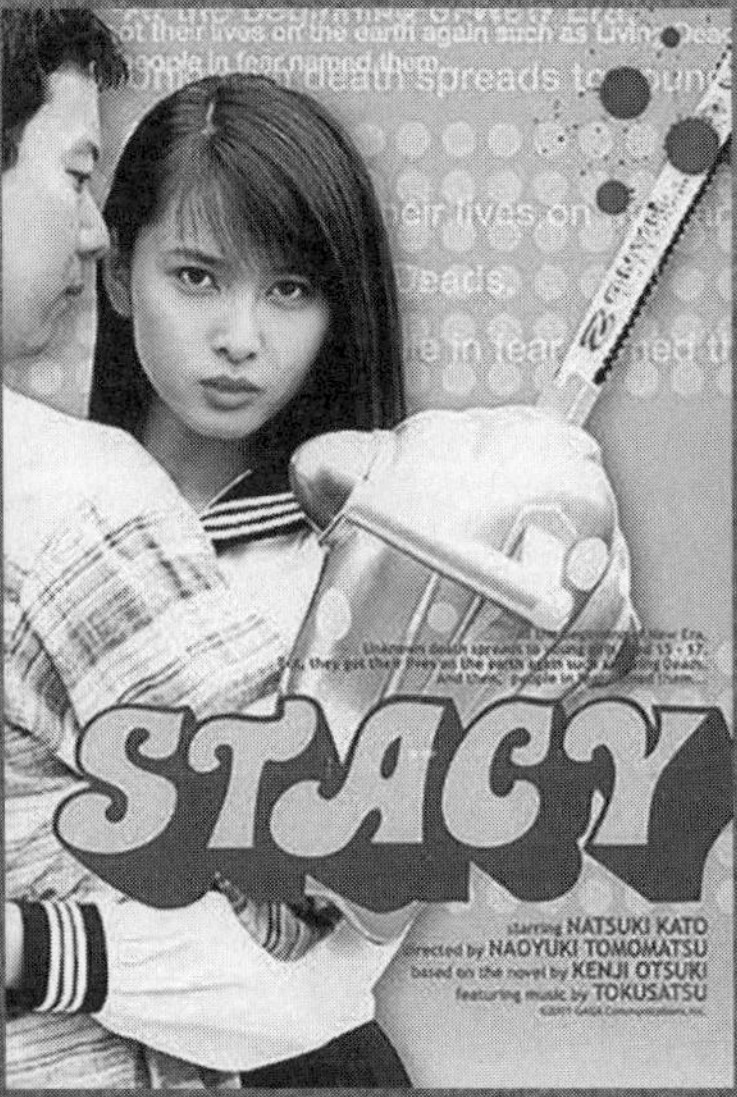

2001　日本
監督　友松直之
原作　大槻ケンヂ
出演　加藤夏希、尾美としのり、筒井康隆

少女だけがゾンビ化する現象が勃発。彼女たちは「ステーシー」と呼ばれた。孤独な中年男、渋川はステーシー化を目前にした少女、詠子と出会う。その出会いが世界の形を大きく変えることになる。大槻ケンヂの手によるホラー小説の実写映画化。原作からしてステーシーを殲滅するための部隊名が「ロメロ再殺部隊」であるなどロメロへのオマージュが見られたが、この映画版でも『死霊のえじき』のローガン博士（フランケンシュタイン）を強く想起させる、犬神博士という映画オリジナルの人物が登場。ステーシー相手に残酷な人体実験を繰り返す。演じているのは筒井康隆（！）であり、大文豪が血まみれで内臓を手にガハガハ笑う姿を見られるだけでもお釣りがくるというものだ。（恵木大）

エクスクロス 魔境伝説

2007　日本
監督　深作健太
原作　上甲宣之『そのケータイはＸＸで』
出演　松下奈緒、鈴木亜美、中川翔子

女子大生2人が秘境「阿鹿里村」で村人に襲われる。なぜか村と一切関係なく巨大なハサミを持ったロリータ服の女も乱入してくる。上甲宣之による小説『そのケータイはＸＸ（エクスクロス）で』を原作とした、少し早かった「村ホラー」。秒単位でジャンルが変化する映画の勢いたるや凄まじく、様々な作品の引用やオマージュが綺羅星のごとく並び、彗星のごとく即座に消えてゆく。本性を現し女子大生に襲いかかる村人たちの姿は『ゾンビ』そのもの。普通の人間であり、怪物という設定ではないにも関わらず、昼と夜で意味なく風貌が変化する。このハッタリ具合が全編を貫いており、映画に瞬間的快楽を求める者にとってはこの上ない一本と言える。（恵木大）

東京ゾンビ

2005　日本
監督　佐藤佐吉
原作　花くまゆうさく
出演　浅野忠信、哀川翔

ハゲの哀川翔とアフロの浅野忠信が並んでいるだけで、この映画の世界観は成立している。緩めのコメディに寄せてはいるが、行動に手近な人肉を食べようとする以外の動機は無く、愚鈍で頭部を破壊すれば倒せるゾンビ設定はロメロ理論を踏襲しており、正統派な継承者とも言える。ゾンビ発生後、富裕層だけが住む高層マンションとスラムとに二分化されるという社会像は、まさしく『ランド・オブ・ザ・デッド』のそれだ。安っぽいお涙頂戴はしょうもないギャグで回避しつつも、武術を通じた信頼関係も、極限状態で家族が絆を獲得する過程も描かれ、意外にもウェルメイド。ディストピアとなった近未来東京は『麻雀放浪記２０２０』(19)にも繋がっている。(宇波拓)

回路

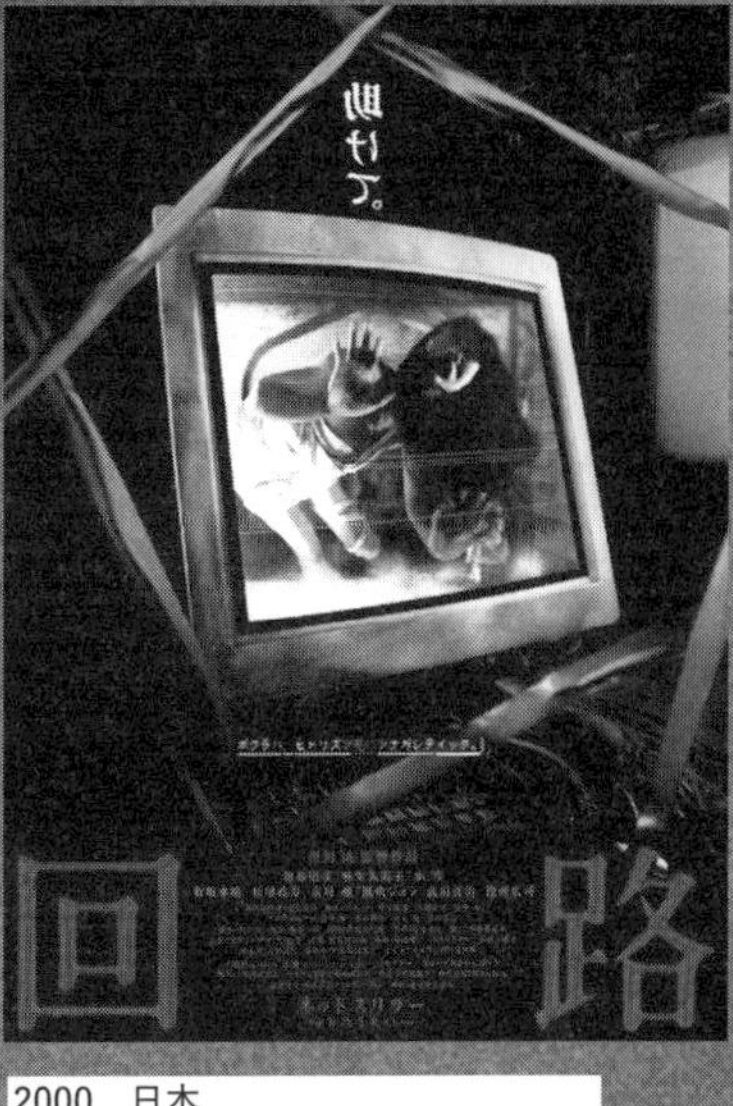

2000　日本
監督　黒沢清
出演　加藤晴彦、麻生久美子、小雪

ロメロが見せてくれた地獄は、もし死体が動き出し生者を食べ始めたら、その数は指数関数的に増殖し、いずれ地上は死者だけの世界になるという現実的な洞察に基づいている。『回路』では、あの世に触れた人間はただ黒い染みになるだけだが、インターネットが伝達回路として導入されたため、ひとたび発動した浸食の機構はただ不可逆に進行し、世界を覆いつくすことになる。しかし、この世が崩壊していくなかで、おろおろと生き延びようとする人々もまたこの世界の一部であるということを、ロメロも黒沢清も誠実に描いている。触れる肉体をもった幽霊が呟く「死は永遠の孤独」という言葉は、ロメロのゾンビたちの腐りゆく脳内にもきっと響いている。(宇波拓)

犬鳴村

2019　日本
監督　清水崇
出演　三吉彩花、坂東龍汰

犬鳴村の災厄は、人の幽霊というより、村で起こった出来事自体が怨念となってその地に定着し、侵入者をトリガーとして発現する、霊体化した記憶のようなもので、「この先、日本国憲法適用せず」の立て看板が示すように、場所こそが源となる。ロメロのゾンビはりかけた脳の電気信号以外に行動原理を持たない唯物論的に動く死体であり、地域を超えて世界規模に伝播する。理論上では両者には隔たりがあるが、群集性がその本質であること、怪物自身にとってその状態が苦しみであること、すなわち、忌まれた階級であるという点においてその実存を共にしている。両監督ともエンターテイメントとして恐さと面白さを突き詰めた結果、死者の表象へとたどり着いた。（宇波拓）

シーバース

Shivers
1975　カナダ
監督　デヴィッド・クローネンバーグ
出演　ポール・ハンプトン、ジョー・シルヴァー、リン・ローリー

勝手に「リン・ローリー三部作」と呼んでいるものがある。『処刑軍団ザップ』、『ザ・クレイジーズ』、そしてこの『シーバース』だ。70年に突然変異のごとく登場した『処刑軍団ザップ』に明らかに影響されたロメロは『ザ・クレイジーズ』を撮った。共通のテーマでリン・ローリーが出演しているが、ロメロらしい社会派な描き方が、狂気的に突っ走る『ザップ』との違いであろう。そしてその『ザ・クレイジーズ』を踏まえて鬼才クローネンバーグが撮り下ろしたのが本作。人間が別のものに変異し、しかも感染する、という恐怖を描いているのは三作に共通しているが、本作はロメロの社会的恐怖と人間の根源的な恐怖を同時に描いた名作なのである。（森本在臣）

キルボット

Chopping Mall
1986　アメリカ
監督　ジム・ウィノースキー
出演　ケリー・マロニー、トニー・オデル

ロメロの影響というのは、後続の作品に意外な形で表れている。『ゾンビ』を観て素直に復活する死者を描いた作品もあれば、本作のように「ショッピングモールという舞台設定」に着目したものもある。原題は「Chopping Mall」で、ショッピングモールの最新警備ロボットが落雷のショックで誤動作し、モール内に閉じ込められた若者たちを襲うというストーリー。ショッピングモールという、普段は賑わっているのに、客がいなくなったときの不気味さと、様々な武器となり得るものがあり作戦が立てやすいという利便性を『ゾンビ』から見出したのであろうと推測される本作は、ショッピングモールという舞台、ただそれだけで成立しているという、稀有な映画である。（森本在臣）

血ぬられた入寮式

The Initiation
1984　アメリカ
監督　ラリー・スチュアート
出演　ヴェラ・マイルズ、クルー・ギャラガー、ダフネ・ズニーガ

矛盾を孕みながらも強烈なオチが鮮烈な本作もまた、ショッピングモールという舞台装置を活用している作品である。先輩の無茶振りで夜のショッピングモールへ忍び込むことになった若者たちが何者かによって殺害されていく、という定番スラッシャーなのだが、ショッピングモールを舞台としているということだけで、物語に厚みが出ているのは不思議だ。ショッピングモール以外だと、今回は紹介しなかったが、同じくマイナー・スラッシャーの『ブラッド・エイプリル・フール』(85)という映画で『ゾンビ』のエレベーターのシーンのオマージュが出てくる。これらの作品から、ロメロの影響というのは設定としてのゾンビだけでないことが窺い知れるだろう。（森本在臣）

キャビン・フィーバー

Cabin Fever
2002　アメリカ
監督　イーライ・ロス
出演　ライダー・ストロング、ジョーダン・ラッド、ジェームズ・デベロ

今やメジャースタジオ大作を手掛けるようになったイーライ・ロスの長編デビュー作。夏休みを迎えた学生5人は山小屋でパーティを行う。だが、楽しい時間は長くは続かなかった。翌日から彼らの間で奇妙な皮膚病が伝染し始める。皮膚が爛れ、肉が崩れゆく。死に至る病は彼らを疑心暗鬼の闇へと叩き落す。伝染病の原因は『クレイジーズ』、山小屋での籠城や無情な幕引きは『NOTLD』からの引用。他にも様々なホラーへのオマージュ、そして不謹慎なユーモアが全編に散りばめられており「生理的嫌悪感を催しつつ笑える」という唯一無二のテイストを持つ作品となっている。続編2作とリブートが製作されており、どれもグロテスクな絵面とドス黒い笑いに満ちている。外れのないシリーズだ。（恵木大）

マニアック

Maniac
1980　アメリカ
監督　ウィリアム・ラスティグ
出演　ジョー・スピネル、キャロライン・マンロー

夜のロサンゼルス。母親への妄執と生身の女性に対するコンプレックスを捨てきれぬ中年男フランクは、獲物を求めて街を彷徨う。額に汗をにじませ、目を大きく見開きながら。『ロッキー』（76）への出演で知られる異貌の俳優ジョー・スピネルが、女性の頭皮を剥ぐことに執心する殺人鬼を演じたスラッシャー・ホラー。深い孤独を抱えた男が魂の安寧を求めて凶行を繰り返す姿は『マーティン 呪われた吸血少年』と同一視できる部分も多い。どちらもトム・サヴィーニが特殊効果を務めている。ジョー・スピネルはその後も独特な風貌を活かして『新マニアック（別題：ファナティック）』（82）や『The Undertaker』（88・未）でもイキイキと変態殺人鬼を演じている。（恵木大）

Catacomba

Catacomba
2016　イタリア
監督　ロレンツォ・レポーリ
脚本　アントニオ・テントーリ

ルチオ・フルチの晩期作に携わったアントニオ・テントーリが脚本を務め、新鋭ロレンツォ・レポーリが監督したオムニバス・ホラー。男性が読んでいるホラー漫画雑誌の内容が映像として展開される、という『クリープショー』直系のスタイル。フルチ作品の脚本家が『クリープショー』形式のホラーを作る……。四半世紀以上が経過して、ようやくロメロとフルチが交わった！と勝手な感動を覚えてしまう。映画そのものはインディーズ作品だが、クリーチャー、宇宙人、怪人が血しぶきと共に暴れまわるので、満足度は高い。本作の監督・脚本コンビの最新作は『Flesh Contagium』（20・未）という終末ホラー。こちらには『クレイジーズ』なガスマスク&防護服姿の集団が登場する。（恵木大）

The Life and Death of a Porno Gang

前衛的なセックス劇を上演しながら共同生活を送る集団「ポルノ・ギャング」。上演の資金も底を突きかけたとき、彼らにあるオファーが舞い降りる。「死にたい人間がたくさんいる。そいつらを使ってスナッフビデオを撮れ」。『セルビアン・フィルム』（10）前夜に誕生していた、セルビア産暗黒ホラー。セミ・ドキュメンタリータッチで切り取られる、心を病みゆく人々、残酷シーン、セルビアの負の歴史が、観る者の精神をゴリゴリ削る。決して他者に理解されない生き方を貫き続ける「ポルノ・ギャング」の姿を見ると『ナイトライダーズ』を思い出さずにはいられない。価値観を共有しあう者たちと共に過ごした最高の日々が悲劇的な終焉へと向かう点も共通している。（恵木大）

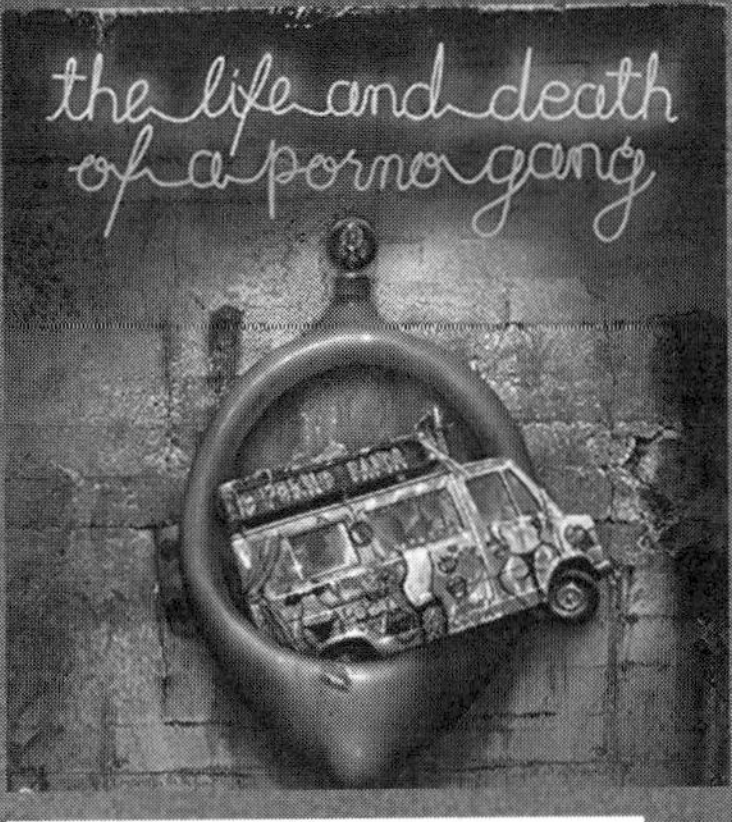

Zivot i smrt porno bande
2009　セルビア
監督　ムラデン・ジョルジェヴィッチ
出演　ミハイロ・ヨヴァノヴィッチ、アナ・ヨバノビッチ

Attack of the Adult Babies

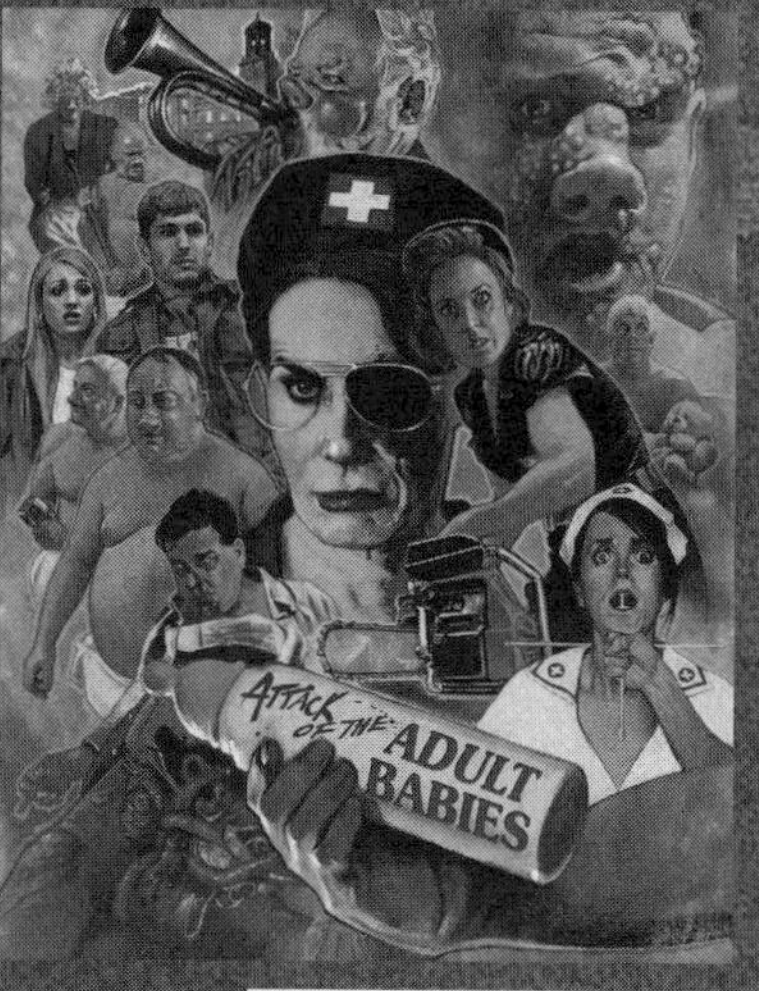

Attack of the Adult Babies
2017　イギリス
監督　ドミクニク・ブラント
出演　カーティス・ロー、アンドリュー・ダン

オムツ姿の老人たちが赤ちゃんプレイをねだってくる、とんでもない絵面のホラー。老人ホームという限定空間でオムツ姿の老人軍団が「オギャッ！　バブ〜！」と迫ってくる姿は『ゾンビ』同様に「集団の恐怖」を強く惹起する。オムツ老人のひとりを『ムカデ人間2』（11）で強烈な印象を残したローレンス・R・ハーヴィーが演じており、絵面のパンチ力をより高めている。新人介護士に対してボス格の女性が「奴らが来るぞ！　バーバラ」と必然性なく『NOTLD』のセリフを言い放つ、謎の引用もある。後半は内臓と異形、そして大便が吹き荒れる下品なカオスに突入。脳の整理が追い付かなくなること必至。視覚効果で『インブレッド』（11）を監督したアレックス・シャンドンが参加している。（恵木大）

死霊たちの宴（BOOK OF THE DEAD）上・下

ロメロの「ゾンビ」という発明は、映画界のみならず、多くのホラー作家たちのイマジネーションを刺激した。ゾンビを題材にした小説というのはこれまでにもたくさんあったのだが、公式に編まれた短編のアンソロジーはこれが初である。ユーモラスな序文をロメロ本人が書いており、執筆者もキングやマキャモン等、モダンホラーの名手たちが揃っていて、それぞれの作品クオリティは玉石混交ながらゾンビ・ファンならば必読の書だ。また、当時のスプラッタ・パンクの流れにいる作家が多いせいか、エログロ要素は強いので、そういう作品が苦手な方にはオススメできない。諸事情により、当初のシリーズ続刊予定が無くなったのが実に残念である。（森本在臣）

1998　創元推理文庫
編集　J・スキップ＆C・スペクター
翻訳　夏来健次

ハーモニー

2008　早川書房
著者　伊藤計劃

作者の伊藤計劃は大の映画ファンで、生前は自身のウェブサイトにて映画評論を記していた。そんな伊藤計劃ならば、当然ロメロ作品も観ていた筈であるが、本作を読むとそれは推測から確信へと変わる。作中で描かれる病気にならない、なることができない世界での自殺、という矛盾を内包した「死」の提示は、個人の意識よりも先行して「社会」が手前に位置していることを浮き彫りにする。この辺りの社会の描き方、意識として、象徴としての社会の配置の仕方はロメロのゾンビに接続される。無意識かもしれないが、直接に「ゾンビ」を描かず、内在的な部分でロメロの遺伝子を継承していると同時に、日本現代ＳＦの最高峰と成り得ている、驚異の物語。（森本在臣）

Z-ゼット（全3巻）

2012～2015　日本文芸社
著者　相原コージ

『コージ苑』『サルまん』の相原コージが描く、シニカルな笑いとペーソス、ド直球の下ネタが交錯するゾンビ黙示録オムニバス。舞台となるゾンビ発生後の日本には、ゾンビを駆除する公的組織も存在するが、事態は改善されるどころか日ごと悪化している。そんな日常的ゾンビ禍で起きるドラマは、悲惨であると同時に思いっきり間抜け。童貞中学生は裸の女ゾンビにちょっかい出してチンコを噛まれ、ゾンビ・ウィルスに感染した男は自分がゾンビ化する前に裸を見せて欲しいと恋人に頼み込む。巻が進むに連れ薙刀を操る女子高生を主人公にしたエピソードがメインになるが、こちらは王道のサバイバル・アクションだ。２０１４年には鶴田法男監督で映画化もされている。（伊東美和）

ラスト・オブ・アス

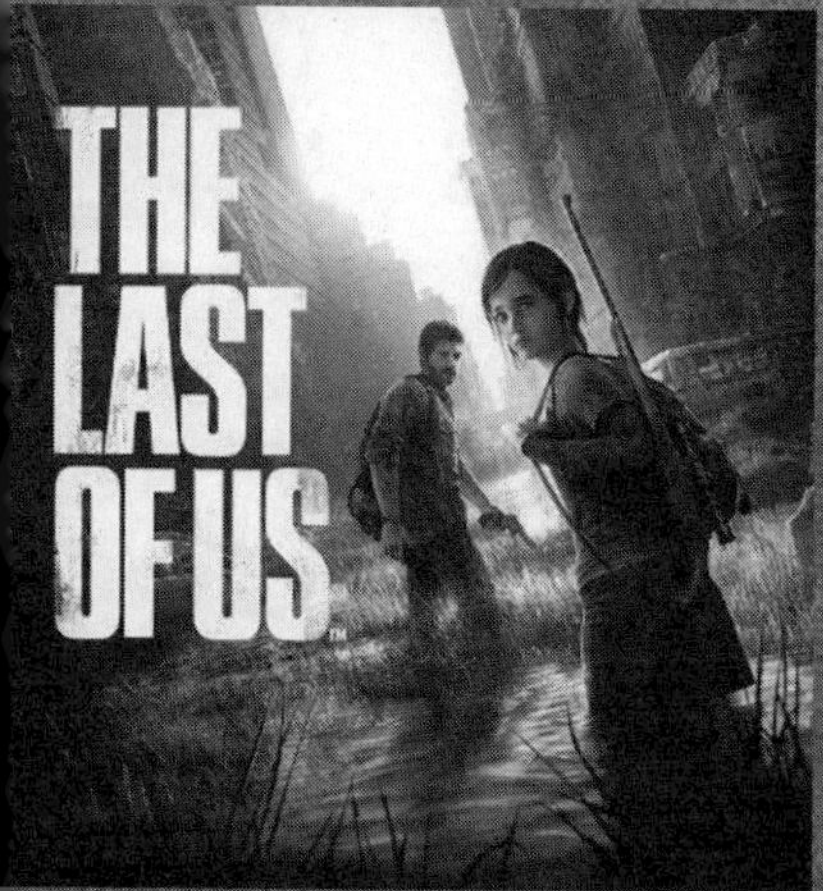

The Last of Us
2013　アメリカ
開発元　ノーティドッグ
ディレクター　ブルース・ストラリー

全世界で６００万本以上を売り上げ、２００以上のメディアでゲーム・オブ・ザ・イヤーに輝いた大ヒット・ゲーム。人間を凶暴化させる寄生菌が世界中に蔓延し、瞬く間に文明社会が崩壊する。それから20年後、武器密輸を生業とする主人公ジョエルは、寄生菌の抗体を持つ少女エリーを反乱組織のもとに送り届ける仕事を引き受ける。本作の舞台となるパンデミック後のアメリカは、感染者や略奪者が跋扈する黙示録的な世界であり、まさにロメロがゾンビ映画で繰り返し描いてきたもの。ジョエルは地獄のような旅を続けるうちにエリーと父娘のような関係になるが、それゆえに人類の運命を左右する過酷な選択を迫られることになる。プレイの後味は重い。ＴＶシリーズ化の予定がある。（伊東美和）

ミスフィッツ

Misfits
1977〜1983、1995〜

歌詞やアートワークにさまざまなホラー作品の引用を散りばめた異色のパンクバンド。79年にはシングル「Night of the Living Dead」をリリースし、ジャケットには映画のロゴを使用。95年はベースのジェリーとギターのドイルを中心に再結成し、ロメロ監督によるＭＶを撮影したほか、『URAMI〜怨み〜』に出演もしている。（大久保潤）

プロフィール

伊東美和

ゾンビ映画ウォッチャー。編著に『ゾンビ映画大事典』『ポール・ナッシー』、共著に『ゾンビ論』『ジョージ・A・ロメロ』（すべて洋泉社刊）などがある。

稲継美保

俳優。東京藝術大学在学中より演劇を始め、舞台を中心にフリーランスで活動中。国内外問わず様々な演出家・カンパニーの作品に出演。幅広い役柄をこなし、枠にとらわれない活動を行っている。

ノーマン・イングランド

92年ニューヨークより来日。ライター・コラムニスト・字幕翻訳家・字幕講師・スチールカメラマン。映画秘宝『グラインドハウスUSA』連載中。80年代より世界有数のロメロ・ゾンビ研究家。GARF日本支部代表。

氏家譲寿（ナマニク）

文筆家。映画評論家。著書『映画と残酷』（洋泉社）。日本未公開映画墓掘人。ホラー映画評論ZINE「Filthy」発行人。残酷映画字幕監修もやってます。加えてコッソリと外国の自主制作映画に出演している隠れ役者でもあります。

宇波拓

音楽家。ギター演奏と電子音楽。HOSE、ホンタテドリ、中尾勘二トリオなどのグループに参加。古澤健、沖島勲、いまおかしんじ、松井周など、映画や演劇に音楽を提供。エンジニアとしても数々の録音作品に携わる。

恵木大（ヒロシニコフ）

ゴミの山に身を投じ、ゴア映画を漁る残酷ホラースカベンジャー。世界中のインディ・ゴアムービーを日本でリリースする地下レーベル「VIDEO VIOLENCE RELEASING」代表。

健全な社会の敵。『トワイライト・オブ・ザ・デッド』を待ち望んでいます。

大槻ケンヂ

88年筋肉少女帯でメジャーデビュー。バンド活動と共に、エッセイ、作詞、テレビ、ラジオ、映画等多方面で活躍中。『くるぐる使い』『のの子の復讐ジクジク』で「星雲賞」を受賞。『グミ・チョコレート・パイン』等映画化作品も多数。99年筋肉少女帯を脱退後、特撮を結成。06年筋肉少女帯再始動！ 大槻ケンヂと絶望少女達、オケミス（大槻ケンヂミステリ文庫）多数のユニットと弾き語りでもライヴ活動を行っている。

上條葉月

字幕翻訳者。不定期に上映企画Pigeon FilmsやZINE「COUCHONS」を主宰。

木津毅

ライター。1984年生まれ。2011年より「ele-king」にて活動を始め、以降、映画、音楽、ゲイ／クィア・カルチャーを中心に執筆。編書に田亀源五郎の語り下ろし『ゲイ・カルチャーの未来へ』（Pヴァイン）。

キヒト

怪奇幻想、ゴシックをこよなく愛する白塗りＤＪ／ＶＪ／Live Photographer。怪奇映画やゴシック音楽、怪奇小説を紹介するサイトDigitalvampire.netを運営する傍ら、各種ゴシック・イベントに出演しアンダーグラウンド活動も行っている。

児嶋都

ホラー漫画家・イラストレーター・画家。GARF 日本アンバサダー。代表作『怪奇！大盛り肉子ちゃん』他、綾辻行人作品コミカライズ『眼球綺譚』、平山夢明氏との共著『非道徳教養講座』等。絵画作品の活動は国内外に渡る。

児玉美月

主に映画執筆業。「リアルサウンド」、「キネマ旬報」、「映画芸術」、「ユリイカ」、劇場用パンフレットなど多数寄稿。共著に『「百合映画」完全ガイド』（星海社新書）がある。

後藤護

暗黒批評、1988 年山形県生れ。著書に『ゴシック・カルチャー入門』（P ヴァイン）、『黒人音楽史（仮）』（2021 年予定、中央公論新社）。リアルサウンド・ブックスに「マンガとゴシック」連載中。

高橋ヨシキ

映画評論家、アートディレクター。長編初監督作品『激怒』製作中『悪魔が憐れむ歌 ——暗黒映画入門』（ちくま文庫）、『ヘンテコ映画レビュー』（スモール出版）、『シネマストリップ』シリーズ（同）など著書多数。

てらさわホーク

映画ライター。著書『シュワルツェネッガー主義』（洋泉社）、『マーベル映画究極批評』（イースト・プレス）。共著『ヨシキ×ホークのファッキン・ムービー・トーク！！』（スモール出版）。

とみさわ昭仁

ライター、プロコレクター。かつては神保町で特殊古書店「マニタ書房」を経営していたことも。著書に『人喰い映画祭』（辰巳出版）、『無限の本棚』（ちくま文庫）、『レコード越しの戦後史』（P ヴァイン）などがある。

麓隆次

はてなブログ『メモリの藻屑、記憶領域のゴミ』のブログ主です。ブログでのニックネームは「フモ」。Twitter では「銀河暗黒皇帝」のアカウント名で戯けたことをほざいています。

真魚八重子

映画文筆業。映画秘宝、キネマ旬報、朝日新聞、「夜リラタイム」、イングリッシュ・ジャーナル、「SLIT」等で執筆。最新著書『血とエロスはいとこ同士　エモーショナル・ムーヴィ宣言』（P ヴァイン）発売中。

森本在臣

東京出身、音楽家。様々な職を転々としながら、いろいろな文化研究をライフワークとしている。レーベル「レコードの目」主催。著書にブランコレーベルとの共著『和ンダーグラウンド　レコードガイドブック』がある。

山崎圭司

映画ライター。ロメロの初商業長編『NOTLD』をビデオで観たときの鳥肌感が忘れられず。ゾンビのキャラも演出も未完成。低予算が歴然な薄ら寒い黒白映像と、裏返しの生々しさ。黎明期の J ホラーに通じる感覚でした。

山崎朋

ダンサー。東京藝術大学在学中よりパフォーミングアーツや身体表現を専門としながら活動を始める。さまざまな〝場〟と〝ふるまい〟に着目し、他分野とのコラボレーションによる作品制作やワークショップなども広く行なっている。

ジョージ・A・ロメロの世界

2021年 11月 6日　初版印刷
2021年 11月 6日　初版発行

編集　大久保潤（P ヴァイン）

装幀　シマダマユミ（TRASH-UP!!）

発行者　水谷聡男
発行所　株式会社 P ヴァイン
〒150-0031
東京都渋谷区桜丘町 21-2 池田ビル 2F
編集部：TEL 03-5784-1256
営業部（レコード店）：
TEL　03-5784-1250
FAX　03-5784-1251
http://p-vine.jp

ele-king
http://ele-king.net/

発売元　日販アイ・ピー・エス株式会社
〒113-0034
東京都文京区湯島 1-3-4
TEL　03-5802-1859
FAX　03-5802-1891

印刷・製本　シナノ印刷株式会社

ISBN　978-4-910511-04-7

表紙写真：Photoshot / アフロ

血とエロスはいとこ同士
エモーショナル・ムーヴィ宣言

真魚八重子（著）

グッとくる映画、あります！

「映画の力」、それはストーリーだけではない——
わけがわからないのに気になる映画
淡々とした描写の中に人生に似た何かが立ち現れる映画
厭な要素ばかりなのについつい観てしまう映画
独自すぎる理屈で構成されていて観る者を激しく選ぶ映画
——なぜか心動かされ、惹きつけられてしまう映画の秘密をひもとく、気鋭の批評家による精選エッセイ集！

本体 2,400円＋税
ISBN:978-4-909483-48-5

ゴシック・カルチャー入門

後藤護（著）

「ゴシック」から「ゴス」へ
人はなぜ闇を求めるのか——

建築にはじまり、文学、美術、映画、ファッション、そして音楽と、さまざまな分野で多大な影響を与え続ける暗黒美学の全貌！

本体 2,700円＋税
ISBN:978-4-909483-45-4